Finanzinnovationen im Investmentfondsbereich und Regulierung unter dem Kapitalanlagegesetzbuch

Jens Lorenz

Finanzinnovationen im Investmentfondsbereich und Regulierung unter dem Kapitalanlagegesetzbuch

Reallabore als weiteres Regulierungsinstrument

Springer Gabler

Jens Lorenz
Frankfurt am Main, Deutschland

ISBN 978-3-658-51863-9 ISBN 978-3-658-51864-6 (eBook)
https://doi.org/10.1007/978-3-658-51864-6

Die Deutsche Nationalbibliothek verzeichnet diese Publikation in der Deutschen Nationalbibliografie; detaillierte bibliografische Daten sind im Internet über https://portal.dnb.de abrufbar.

Planung/Lektorat: Karina Kowatsch
Springer Gabler ist ein Imprint der eingetragenen Gesellschaft Springer Fachmedien Wiesbaden GmbH und ist ein Teil von Springer Nature.
Die Anschrift der Gesellschaft ist: Abraham-Lincoln-Str. 46, 65189 Wiesbaden, Germany

Vorwort

Die vorliegende Arbeit wurde vom Fachbereich Rechtswissenschaften der Philipps-Universität Marburg im Wintersemester 2025/2026 als Dissertation angenommen. Mein ganz herzlicher Dank gilt zuallererst meinem Doktorvater, Prof. Dr. Florian Möslein LL.M. (London), für seine Unterstützung und guten Anregungen. Als ich ihm mein Projekt vorstellte, war er sofort davon begeistert und war seitdem jederzeit für mich ansprechbar. Bei unseren Diskussionen erhielt ich stets wertvolle Rückmeldungen sowie weiterführende Anregungen. Zudem möchte ich mich für seine stets verbindliche Art und zeitnahen Rückmeldungen sowie der äußerst zügigen Erstellung des Erstgutachtens bedanken. Ebenso danke ich Herrn Prof. Dr. Sebastian Omlor, LL.M. (NYU), LL.M. (Eur.) für seine ebenfalls außerordentlich zügige Erstellung des Zweitgutachtens.

Danken möchte ich darüber hinaus meinem geliebten Ehemann Daniel Lorenz. Er war letztlich das „Zünglein an der Waage" für den Start meines Projektes „Promotion" und hat mich die ganze Zeit moralisch unterstützt und liebevoll „ertragen", selbst dann, wenn ich ganze Sonn- und Feiertrage am Schreibtisch verbrachte.

Besonderer Dank gilt auch meiner Mutter, Sieglinde Held, sowie meinen bereits verstorbenen Großeltern, Maria und Hans-Joachim Gorski, die mich bei allem immer unterstützt und gefördert haben. Sie haben letztlich den Grundstein für diese Arbeit gelegt. Ihnen ist diese Arbeit gewidmet.

Ebenfalls ein großes Dankeschön geht an Dr. Verena Ritter-Döring für die zahlreichen inhaltlichen Austausche und Fachgespräche, aus denen ich stets mit wertvollen Anregungen herausging, sowie ihre freundschaftliche Unterstützung, mit der sie mich in doch manchen Momenten des Zweifelns in meiner Arbeit bestärkte.

Last but not least möchte ich mich auch noch bei meiner Schwägerin, Dorothee Lorenz, für das kritische Korrekturlesen bedanken!

Inhaltsverzeichnis

1 **Einleitung** ... 1

Teil I Reallabore als Instrument zur Förderung von Finanzinnovationen

2 **Finanzinnovationen und Aufsicht** ... 7
2.1 Finanzinnovationen ... 7
2.1.1 Begriff der Finanzinnovation ... 8
2.1.2 Funktion von Finanzinnovationen ... 8
2.1.3 Besonderheit der aktuellen FinTechs ... 9
2.1.4 Zwischenergebnis ... 11
2.2 Aufsichtskonzept im Finanzsektor ... 12
2.3 Regulierung von Finanzinnovationen ... 13
2.3.1 Regulierungsdilemma ... 13
2.3.2 Strukturelle Unsicherheiten und rechtliche Hürden ... 15
2.3.3 Möglichkeiten der Regulierung ... 16
2.3.3.1 Informelle Maßnahmen ... 17
2.3.3.2 Verhaltenspflichten ... 17
2.3.3.3 Transparenzpflichten ... 18
2.3.3.4 Erlaubnisvorbehalte und Verbote ... 19
2.4 Zwischenergebnis ... 20

3 **Begriff „Reallabor“** ... 21
3.1 Definition ... 21

3.1.1 Legaldefinition ... 22
3.1.2 Anwendungsbereich ... 23
3.1.3 Verfahrensablauf ... 23
3.2 Sinn und Zweck ... 25

4 Internationaler Vergleich ... 27
4.1 Großbritannien ... 27
4.1.1 Zugang ... 28
4.1.2 Unterstützende Maßnahmen ... 28
4.1.3 Bestandsaufnahme der FCA ... 29
4.1.4 Zwischenergebnis ... 31
4.2 Hongkong ... 31
4.2.1 SFC-Reallabor ... 32
4.2.1.1 Ziel ... 32
4.2.1.2 Zulassungsvoraussetzungen ... 32
4.2.1.3 Engere Überwachung durch die SFC ... 33
4.2.1.4 Abschluss des Reallabors ... 33
4.2.2 HKMA-Reallabor ... 33
4.2.2.1 Ziel ... 34
4.2.2.2 Grundlagen für die Durchführung eines Reallabors ... 34
4.2.2.3 Verbesserungen des Reallabors ... 34
4.2.2.4 Bestandsaufnahme der HKMA ... 35
4.2.3 Zwischenergebnis ... 35
4.3 Europäische Union ... 36
4.3.1 Entwicklungen ... 36
4.3.1.1 ESAs Bericht ... 36
4.3.1.2 Europäische Forum für innovationsfördernde Maßnahmen ... 37
4.3.1.3 Empfehlungen an die EU-Kommission ... 37
4.3.1.4 Neue europäische Innovationsagenda ... 38
4.3.1.5 Zwischenergebnis ... 39
4.3.2 Reallabore auf EU-Ebene ... 39
4.3.2.1 Beispiele ... 40
4.3.2.1.1 DLT-Pilotregime-Verordnung ... 40
4.3.2.1.2 EU-Blockchain Reallabor ... 43
4.3.2.1.3 KI-Verordnung ... 44
4.3.2.2 Zwischenergebnis ... 47

5 Reallabore in Deutschland 49
5.1 Historie 49
5.1.1 Bundesministerium der Finanzen und BaFin 49
5.1.2 Reallabore Strategie des BMWi 50
5.1.2.1 Stärkung der Experimentierklauseln 50
5.1.2.2 Informationsaustausch und Vernetzung 51
5.1.2.3 Pilotprojekte und Wettbewerbe 51
5.1.3 Umsetzung der Reallabore Strategie 52
5.1.3.1 Entwurf eines Reallabore-Gesetzes 52
5.1.3.1.1 Ziel 52
5.1.3.1.2 Regelungen 53
5.1.3.2 Experimentierklausel-Check 55
5.1.3.2.1 Ausschlussgründe 56
5.1.3.2.2 Aktueller Erprobungsbedarf 56
5.1.3.2.3 Künftiger Erprobungsbedarf 57
5.1.3.2.4 Handbuch der Rechtsförmlichkeit 57
5.1.4 Zwischenergebnis 57
5.2 Experimentierklausel 58
5.2.1 Funktion 58
5.2.2 Ausgestaltung 58
5.2.2.1 Handlungsmaßnahmen 58
5.2.2.2 Befugnistatbestand 59
5.2.2.3 Ausnahmetatbestand 59
5.2.2.4 Experimentalgesetz 59
5.2.3 Beispiele 60
5.2.3.1 Personenbeförderungsgesetz 60
5.2.3.2 Gewerbeordnung 60
5.2.3.3 Sächsisches E-Government-Gesetz 60
5.3 Zwischenergebnis 60

6 Ergebnis 63

Teil II Rechtsfigur der Registrierung von Kapitalverwaltungsgesellschaften nach dem KAGB

7 Historie ... 67
7.1 Globale Finanzmarktkrise 2008/2009 ... 67
7.1.1 Hintergrund ... 67
7.1.2 Rolle der Verwalter alternativer Investmentfonds ... 69
7.1.2.1 Risiken von Hedgefonds ... 69
7.1.2.2 Regulierung von Hedgefonds ... 70
7.1.2.3 Anwendungsbereich des InvG ... 71
7.1.3 Reaktionen ... 71
7.1.4 Schattenbankensystem ... 72
7.1.4.1 Begriff „Schattenbank“ ... 72
7.1.4.2 Rolle der Investmentvermögen ... 72
7.1.4.3 Risiken ausgehend von Investmentvermögen ... 73
7.1.4.4 Überwachung des Schattenbankenbereichs ... 74
7.2 Einführung der AIFM-RL ... 75
7.2.1 Umfassende Regulierung ... 76
7.2.2 Ausnahmen ... 78
7.2.2.1 Bereichsausnahmen ... 78
7.2.2.2 Registrierung ... 79
7.3 Umsetzung im KAGB ... 80
7.4 Zwischenergebnis ... 80

8 Systematik der Registrierung im Gefüge des KAGB ... 81
8.1 Anwendungsbereich des KAGB ... 81
8.1.1 Investmentvermögen ... 82
8.1.1.1 Organismus ... 82
8.1.1.2 Gemeinsame Anlagen ... 83
8.1.1.3 Einsammeln von Kapital ... 83
8.1.1.4 Anzahl von Anlegern ... 84
8.1.1.5 Feste Anlagestrategie ... 84
8.1.1.6 Zum Nutzen der Anleger ... 84
8.1.1.7 Kein operativ tätiges Unternehmen außerhalb des Finanzsektors ... 85
8.1.2 Kapitalverwaltungsgesellschaft ... 85
8.2 Grundsatz der Erlaubnispflicht ... 87
8.3 Ausnahme der Registrierung ... 88
8.3.1 Registrierungstatbestand ... 89
8.3.1.1 Historie ... 89

8.3.1.2 Registrierungstatbestand nach § 2 Abs. 4 S. 2 KAGB 91
8.3.1.2.1 Schwellenwerte 91
8.3.1.2.2 Schwellenwertberechnung des verwalteten Vermögens 93
8.3.1.2.3 Ausschließliche Verwaltung von Spezial-AIF 97
8.3.1.2.4 Opt-In Befugnis 100
8.3.1.3 Anwendbare Vorschriften 100
8.3.2 Rechtsform der Kapitalverwaltungsgesellschaft 103
8.3.3 Rechtsform des AIF 104
8.3.4 Berichtspflichten 105
8.4 Vergleich der Tätigkeiten einer erlaubten und einer registrierten Kapitalverwaltungsgesellschaft 106
8.4.1 Grundsatz gemäß § 17 Abs. 1 KAGB 106
8.4.2 Ausnahmen nach § 20 Abs. 2 und 3 KAGB 108
8.4.3 Gleichzeitige Erlaubnis nach § 32 KWG 109
8.4.4 Ausnahmen für Unternehmensbeteiligungsgesellschaften 110
8.4.5 Zwischenergebnis 110
8.5 Zwischenergebnis 110

9 Entwicklung der Registrierung in der Praxis 113

10 Ergebnis 117

Teil III Reallabore im Investmentfondsbereich

11 Möglichkeit der Integration von Reallaboren 121
11.1 Regulierungsebenen im KAGB 121
11.1.1 Fondsverwaltung 121
11.1.2 Investmentvermögen 123
11.1.2.1 Publikumsinvestmentvermögen 124
11.1.2.2 Spezialinvestmentvermögen 125
11.1.2.3 Zwischenergebnis 125
11.2 Bedarf an Reallaboren 126
11.2.1 Verwaltungsebene 126
11.2.2 Produktebene 127

11.2.3 Zwischenergebnis ... 128
11.3 Erfordernis von Experimentierklauseln ... 128
11.3.1 Erlaubnisvorbehalt ... 128
11.3.2 Numerus clausus der Vermögensgegenstände ... 130
11.4 Zwischenergebnis ... 131

12 Reallabor und Registrierung: eine Gegenüberstellung ... 133

13 Eignung eines Reallabors ... 135
13.1 Anlegerstruktur ... 135
13.1.1 Publikumsinvestmentvermögen ... 136
13.1.2 Spezialinvestmentvermögen ... 137
13.1.3 Zwischenergebnis ... 138
13.2 Investitionsverhalten ... 138
13.2.1 Gängige Anlagestrategien ... 139
13.2.2 Innovative Anlagestrategien ... 139
13.2.2.1 Kryptowerte ... 139
13.2.2.2 Market Making ... 140
13.3 Zwischenergebnis ... 141

14 Schlussfolgerungen ... 143

Literaturverzeichnis ... 149

Abkürzungsverzeichnis

AEUV	Vertrag über die Arbeitsweise der Europäischen Union
AIF	Alternativer Investmentfonds
AIFM	Verwalter alternativer Investmentfonds (*Alternative Investment Fund Manager*)
AIFM-RL	Richtlinie 2011/61/EU
AIFM-VO	Delegierte Verordnung (EU) Nr. 231/2013
AktG	Aktiengesetz
BaFin	Bundesanstalt für Finanzdienstleistungsaufsicht
BGB	Bürgerliches Gesetzbuch
BMF	Bundesministerium der Finanzen
BMJ	Bundesministerium der Justiz und für Verbraucherschutz
BMWi	Bundesministerium für Wirtschaft und Energie
CSDR	Verordnung (EU) Nr. 909/2014
DLT	Distributed-Ledger-Technologie
DLT-VO	Verordnung (EU) Nr. 2022/858
DORA	Verordnung (EU) Nr. 2022/2554
DS-GVO	Datenschutzgrundverordnung
EFIF	Europäisches Forum für innovationsfördernde Maßnahmen (*European Forum for Innovation Facilitators*)
EMIR	Verordnung (EU) Nr. 648/2012

ESAs	Europäische Aufsichtsbehörden (*European Supervisory Authorities*)
ESMA	Europäische Wertpapier- und Marktaufsichtsbehörde (*European Securities and Markets Authority*)
ESRB	Europäischer Ausschuss für Systemrisiken (*European Systemic Risk Board*)
EU	Europäische Union
EU-Kommission	Europäische Kommission
EUV	Vertrag über die Europäische Union
EZB	Europäische Zentralbank
FCA	Britische Finanzmarktaufsichtsbehörde (*Financial Conduct Authority*)
FSB	Finanzstabilitätsrat (*Financial Stability Board*)
GenG	Genossenschaftsgesetz
GewO	Gewerbeordnung
GlüÄndStV	Erster Staatsvertrag zur Änderung des Staatsvertrages zum Glücksspielwesen in Deutschland
GmbHG	Gesetz betreffend die Gesellschaften mit beschränkter Haftung
GwG	Geldwäschegesetz
HGB	Handelsgesetzbuch
HKMA	Hongkonger Zentralbank (*Hong Kong Monetary Authority*)
InvG	Investmentgesetz
KAGB	Kapitalanlagegesetzbuch
KARBV	Kapitalanlage-Rechnungslegungs- und –Bewertungsverordnung
KI	Künstliche Intelligenz
KI-VO	Verordnung (EU) Nr. 2024/689
KWG	Kreditwesengesetz
LeerverkaufsVO	Verordnung (EU) Nr. 236/2012
MiCA-VO	Verordnung (EU) Nr. 2023/1114
MiFID II	Richtlinie 2014/65/EU
MiFIR	Verordnung (EU) Nr. 600/2014
OGAW	Organismus für gemeinsame Anlagen in Wertpapieren

OGAW V-Umsetzungsgesetz	Gesetzes zur Umsetzung der Richtlinie 2014/91/EU
OGAW-RL	Richtlinie 2009/65/EG
PBefG	Personenbeförderungsgesetz
PSD2	Richtlinie (EU) 2015/2366
ReallaboreG-E	Entwurf des Reallabore-Gesetzes
SächsEGovG	Sächsisches E-Government-Gesetz
SFC	Hongkonger Wertpapieraufsichtsbehörde (*Securities and Futures Commssion*)
UBGG	Gesetz über Unternehmensbeteiligungsgesellschaften
VermAnlG	Vermögensanlagegesetz
WpHG	Gesetz über den Wertpapierhandel
WpÜG	Wertpapiererwerbs- und Übernahmegesetz
ZAG	Zahlungsdienstaufsichtsgesetz

Einleitung

1

„I am not an advocate for frequent changes in laws and constitutions. But laws and institutions must go hand in hand with the progress of the human mind. As that becomes more developed, more enlightened, as new discoveries are made, new truths discovered and manners and opinions change, with the change of circumstances, institutions must advance also to keep pace with the times. We might as well require a man to wear still the coat which fitted him when a boy as civilized society to remain ever under the regiment of their barbarous ancestors.“[1]

In Anbetracht der in immer kürzeren Intervallen auftretenden und komplexer gestalteten Innovationen, die vor allem durch den Einsatz von künstlicher Intelligenz (KI) begünstigt werden, erscheinen die Worte Thomas Jeffersons von vor über 200 Jahren aktueller denn je. Sie zeigen eindrücklich, welchen Herausforderungen das Recht – damals wie heute – ausgesetzt ist. Wenngleich Gesetze eine Konstante darstellen sollten, ohne der Beliebigkeit durch neue Modeerscheinungen zum Opfer zu fallen, ist auch diesbezüglich nichts für die Ewigkeit. Diesem Spannungsverhältnis ist jede Generation von Neuem ausgesetzt und muss Lösungen finden.

Gerade der Finanzsektor ist ein hoch regulierter Bereich, der sich zudem kontinuierlich durch Innovationen weiterentwickelt. Hier wird das beschriebene Spannungsverhältnis besonders deutlich. Fraglich ist regelmäßig, ob eine Innovation regulierungsbedürftig ist, und falls ja, ob sie bereits unter eine bestehende Regulierung subsumiert werden kann. Dabei können unter Umständen neue Gesetze erforderlich werden oder bereits bestehende Gesetze müssen angepasst werden. Geltendes Recht ist daher vor dem Hintergrund von Innovationen stets

---

[1] Auszug aus einem Brief von Thomas Jefferson an Samuel Kercheval vom 12.07.1816.

J. Lorenz, *Finanzinnovationen im Investmentfondsbereich und Regulierung unter dem Kapitalanlagegesetzbuch*, https://doi.org/10.1007/978-3-658-51864-6_1

zu hinterfragen und auf den Prüfstand zu stellen. Es erscheint daher hilfreich, wenn Gesetzgeber und zuständige Aufsichtsbehörde hinreichend Kenntnis und ein umfassendes Verständnis von der jeweiligen Innovation haben. Nur wenn sie die mit der Innovation verbundenen Chancen und Risiken verstehen, sind sie in der Lage, einen adäquaten und zielgenauen Rechtsrahmen zu schaffen. Eine Konstruktion, die dazu beiträgt, einerseits das für die staatlichen Stellen notwendige Verständnis zu schaffen und andererseits den Unternehmen, die ein neues Produkt oder Geschäftsmodell testen wollen, einen rechtssicheren Rahmen zu bieten, ist das Reallabor. Dabei spielen auch häufig Experimentierklauseln eine Rolle, da sie durch geringere Anforderungen an die Regulierung als eine Art Türöffner für Reallabore in meist stark regulierten Bereichen dienen. Sowohl auf nationaler als auch auf europäischer Ebene sind Reallabore daher ein beliebtes und viel diskutiertes Thema bei der Frage nach einer angemessenen Regulierung von Innovationen.

Im Hinblick auf den Finanzsektor sind, zumindest auf nationaler Ebene, der Gesetzgeber sowie die zuständige Finanzaufsichtsbehörde aber äußerst zurückhaltend, wenn es um Reallabore geht. Dabei gibt es im Investmentaufsichtsrecht mit der Rechtsfigur der Registrierung eine für den Finanzsektor große Besonderheit, die auch gewisse Ähnlichkeiten mit einer Experimentierklausel für Reallabore aufweist. Das Investmentaufsichtsrecht enthält umfassende Regelungen für Investmentvermögen und die sie verwaltenden Kapitalverwaltungsgesellschaften. Der Geschäftsbetrieb einer Kapitalverwaltungsgesellschaft steht dabei grundsätzlich unter einem gesetzlichen Erlaubnisvorbehalt. Eine Ausnahme hiervon ist der Fall der Registrierung. Die Registrierung bedeutet für Kapitalverwaltungsgesellschaften mit vergleichsweise geringen Fondsvolumina deutlich herabgesetzte Anforderungen und einzuhaltende Pflichten im Vergleich zur Erlaubnis, die eine vollständige Regulierung zu Folge hat. Dies wirft unweigerlich die Frage auf, ob die Rechtsfigur der Registrierung Anreize zum Testen von Finanzinnovationen[2] im Investmentfondsbereich setzt oder zumindest als Beispiel für die Schaffung von Reallaboren mit einer Experimentierklausel analog zur Registrierung im Investmentfondsbereich dienen könnte.

Dies vorangestellt, behandelt vorliegende Arbeit somit die Frage, ob und gegebenenfalls inwieweit Reallabore einen Beitrag zur Innovationsförderung im Investmentfondsbereich leisten könnten.

Um dieser Frage nachzugehen, werden im ersten Teil der Arbeit die Regulierung von Finanzinnovationen und die damit verbundenen Herausforderungen

[2] Bei Finanzinnovationen handelt es sich im Wesentlichen um Innovationen betreffend den Finanzsektor. Zur Definition des Begriffs siehe unten: Abschnitt 2.1.1.

näher dargestellt. Das Beispiel der FinTechs, die sich häufig künstlicher Intelligenz sowie riesigen Datenmengen bedienen, zeigt dabei deutlich, wie konventionelle Regulierungsmaßnahmen an ihre Grenzen stoßen. Daran anknüpfend wird das Konzept des Reallabors als mögliche Ergänzung zu den gängigen Regulierungsmaßnahmen genauer vorgestellt.

Der zweite Teil der Arbeit befasst sich mit der Registrierung, einer Rechtsfigur, die bis zur Richtlinie 2011/61/EU über die Verwalter alternativer Investmentfonds (*AIFM-RL*) vom 08.06.2011 im Finanzaufsichtsrecht gänzlich unbekannt war.[3] Zum besseren Verständnis dieser Besonderheit beginnt der Abschnitt mit der Entstehungsgeschichte und Ratio der Registrierung. Daraufhin erfolgt eine rechtliche Einordnung in das Gesamtgefüge des Investmentaufsichtsrechts. In diesem Kontext werden die Tatbestandsvoraussetzungen sowie die mit der Registrierung verbundenen Folgepflichten näher erörtert. Darauf aufbauend wird das Verhältnis zwischen einer Erlaubnis und einer Registrierung analysiert. Nachdem ein umfassendes Verständnis von der Registrierung geschaffen wurde, findet anschließend eine Betrachtung der bisherigen Entwicklung der Registrierung statt. Dabei wird auch ein Blick auf eine mögliche Weiterentwicklung der Registrierung gewagt.

Im dritten Teil der Arbeit werden sodann die beiden ersten Teile zusammengeführt. Der Abschnitt beschäftigt sich konkret mit der Frage, ob und gegebenenfalls inwieweit Reallabore für den Investmentfondsbereich von Vorteil sein könnten. In diesem Zusammenhang ist zunächst zu klären, ob sich Reallabore in das Investmentaufsichtsrecht integrieren lassen und inwieweit gegebenenfalls eine Experimentierklausel erforderlich sein könnte. Darüber hinaus spielen bei der Frage nach einem möglichen Mehrwert von Reallaboren für den Investmentfondsbereich auch Aspekte wie die Anlegerstruktur und das Investitionsverhalten von Investmentvermögen eine maßgebliche Rolle.

---

[3] Sämtliche Bereiche des Aufsichtsrechts im Finanzsektor, wie das Investmentaufsichtsrecht oder das Bankaufsichtsrecht, kannten lediglich die Rechtsfigur der Erlaubnis. Eine abgeschwächte Variante, mit der auch geringere Anforderungen verbunden waren, gab es bis zur Einführung der Registrierung im Investmentfondsbereich nicht.

Teil I
Reallabore als Instrument zur Förderung von Finanzinnovationen

Die Finanzmärkte haben sich im letzten Jahrzehnt fundamental verändert. Neben zahlreichen Krisen wirtschaftlicher und ökologischer Art, Kriegen und auch der Corona-Pandemie, die alle ihre Spuren auf den Finanzmärkten hinterlassen haben, waren – und sind – es vor allem die sog. FinTechs[1], die den Finanzmarkt entscheidend geprägt haben. Insbesondere die Digitalisierung der Märkte durch die Distributed-Ledger-Technologie, aber auch die jüngst erzielten Fortschritte im Bereich der KI setzen neue Akzente auf den Finanzmärkten. Die Entwicklungen werden dabei immer schneller und komplexer. FinTechs, aber auch Finanzinnovationen im Allgemeinen, können bestehende Risiken verändern oder sogar neue Risiken schaffen.[2] Während manche von ihnen in eine bestimmte Sparte des Finanzsektors fallen (so zum Beispiel Crowdfunding im Finanzierungsbereich oder *Robo-Advice* im Bereich Vermögensverwaltung), sind andere sektorenübergreifend anwendbar (wie der Einsatz von KI im Allgemeinen).[3] Die Europäische Kommission (*EU-Kommission*) betrachtet den Finanzsektor als den größten Nutzer digitaler Technologien und als maßgebliche Triebkraft des digitalen Wandels in der Wirtschaft. Neue Technologien im Finanzsektor seien somit ein bedeutender Baustein für die Schaffung einer Kapitalmarktunion und eines echten Binnenmarktes für Finanzdienstleistungen für Verbraucher; es sei daher wichtig, günstige Rahmenbedingungen für Innovationen zu schaffen und gleichzeitig die Risiken einzudämmen sowie Verbraucher zu schützen.[4]

---

[1] Im Rahmen dieser Arbeit bezieht sich der Begriff „FinTech" auf das Produkt selbst, nicht aber auf das dahinterstehende Unternehmen.

[2] Expert Group on Regulatory Obstacles to Financial Innovation, S. 10 f.

[3] *Parenti*, Regulatory Sandboxes and Innovation Hubs for FinTech, S. 15; *Ettl*, ZfgK 2016, S. 15.

[4] EU-Kommission, FinTech: Kommission leitet Maßnahmen für einen wettbewerbsfähigeren und innovativeren Finanzmarkt ein, Pressemitteilung vom 08.03.2018, abrufbar unter: https://ec.europa.eu/commission/presscorner/detail/de/IP_18_1403 (letzter Abruf: 26.03.2025).

Der Finanzsektor ist jedoch nicht nur äußerst empfänglich für Innovationen, sondern gleichzeitig auch insgesamt betrachtet ein hoch regulierter Bereich.[5] Teilweise ist zunächst unklar, ob ein neues Produkt oder eine neue Dienstleistung in den regulierten Bereich fällt beziehungsweise wie bestehende Regeln angewandt werden sollten.[6] Diesen neuen Herausforderungen müssen sich auch die Finanzaufsichtsbehörden und Gesetzgeber stellen. In diesem Kontext können Reallabore einen wichtigen Beitrag zur Hilfestellung leisten. So hat bereits die Wirtschaftsministerkonferenz der Länder in ihrem Beschluss vom 17./18.06.2021 betont, Reallabore seinen *„unerlässlich, um […] den Weg für Innovationen zu ebnen und diese zu beschleunigen.“*[7]

Dieser Teil der Arbeit beginnt daher mit einer Klärung, was unter Finanzinnovationen zu verstehen ist, und erläutert anschließend deren Zusammenspiel mit der Regulierung von Finanzmärkten. Aufbauend auf dieser Grundlage wird der Frage nachgegangen, inwieweit sich Reallabore als nützlich sowohl für die Förderung als auch für die Regulierung von Finanzinnovationen erweisen könnten. Dabei erfolgt zunächst eine abstrakte Darstellung von Reallaboren, an die sich konkrete Beispiele aus Großbritannien, Hongkong und der Europäischen Union (*EU*) anschließen. Schließlich richtet sich der Blick auf Deutschland und die Bedeutung von Experimentierklauseln als gesetzlicher „Türöffner“ für regulatorische Erleichterungen im Rahmen von Reallaboren.

---

[5] *Parenti*, Regulatory Sandboxes and Innovation Hubs for FinTech, S. 16; *Rennig*, Finanztechnologische Innovationen im Bankaufsichtsrecht, S. 47.

[6] *Parenti*, Regulatory Sandboxes and Innovation Hubs for FinTech, S. 15.

[7] BMWi, Konzept für ein Reallabore-Gesetz, S. 4.

2 Finanzinnovationen und Aufsicht

Um ein besseres Verständnis für den regulatorischen Rahmen zu erhalten, in das Reallabore eingebettet sind, wird im Folgenden das Verhältnis zwischen Finanzinnovationen und Aufsicht näher untersucht. Zunächst werden jedoch die beiden Aspekte einzeln für sich betrachtet, bevor sie anschließend zueinander in Beziehung gesetzt werden.

2.1 Finanzinnovationen

Finanzinnovationen sind ein permanenter Bestandteil der Finanzmärkte und treiben deren Entwicklung kontinuierlich an.[1] Es gibt zwar unterschiedliche Phasen, in denen die Innovationstätigkeiten mal stärker, mal schwächer ausgeprägt sind und unterschiedlich positiv beziehungsweise negativ wahrgenommen werden, jedoch gehören Finanzinnovationen als fortdauernder Prozess der „schöpferischen Zerstörung" fest zur Wirtschaftsstruktur der Kapitalmärkte, in deren Rahmen private Marktteilnehmer experimentieren, um sich von Konkurrenten abzuheben und um auf Veränderungen an den Märkten zu reagieren.[2]

[1] *Möslein*, in: ders. (Hrsg.), Finanzinnovation und Rechtsordnung, S. 3 (7).

[2] *Tufano*, in: Constantinidis/Harris/Stulz (Hrsg.), Handbook of the Economics of Finance, S. 307 (309); *Möslein*, ZBB 2013, S. 1 (3); *Ettl*, ZfgK 2016, S. 15; zum Begriff der „schöpferischen Zerstörung" siehe *Schumpeter*, Kapitalismus, Sozialismus und Demokratie, S. 137 f.

J. Lorenz, *Finanzinnovationen im Investmentfondsbereich und Regulierung unter dem Kapitalanlagegesetzbuch*, https://doi.org/10.1007/978-3-658-51864-6_2

2.1.1 Begriff der Finanzinnovation

Doch was genau ist unter einer Finanzinnovation zu verstehen? In einem Bericht des Weltwirtschaftsforum wird der Begriff der Finanzinnovation wie folgt definiert: „*Financial innovation is the act of creating and then popularizing new financial instruments, technologies, institutions, markets, processes and business models – including the new application of existing ideas in a different market context.*“[3] Betrachtet man sich die beiden Wortbestandteile von Finanzinnovation, wird dieses Verständnis noch deutlicher:

Innovationen meinen allgemein Neuerungen jeglicher Art, die auch nicht immer Verbesserungen darstellen müssen.[4] Sie müssen dabei auch nicht zwingend radikal sein, sondern können durchaus auch aus inkrementellen Fortentwicklungen bestehen; nicht ausreichend sind hingegen bloße Ideen, die erst mit Markttauglichkeit zur Innovation werden.[5] Mithin muss es sich bei Innovationen nicht immer um komplett neue Produkte, Dienstleistungen oder Technologien handeln, vielmehr können diese auch schon auf bereits Bestehendes aufbauen und dies weiterentwickeln.

Im Hinblick auf das Präfix „Finanz-“ sollte der Begriff der Finanzinnovation ebenfalls weit ausgelegt werden und nicht, etwa als Gegenpol zu technologischen Innovationen, auf Finanzinstrumente beschränkt sein; Finanzinnovationen sollten sich vielmehr auf Finanzierungsfragen im weiten Sinne erstrecken, da beide häufig sehr eng mit einander verzahnt sind und einander sogar bedingen.[6]

2.1.2 Funktion von Finanzinnovationen

Finanzinnovationen dienen im Allgemeinen dazu, Unzulänglichkeiten der Finanzmärkte zu überwinden.[7] Dabei gibt es unterschiedliche Arten von Marktunvollkommenheiten, durch die Finanzinnovationen stimuliert werden; zu nennen sind

---

[3] World Economic Forum, Rethinking Financial Innovation, 2012, S. 16.

[4] *Awrey*, Harvard Business Law Review 2 (2012), S. 236 (259).

[5] *Möslein*, ZBB 2013, S. 1 (4); m. w. N. *Tufano*, in: Constantinidis/Harris/Stulz (Hrsg.), Handbook of the Economics of Finance, S. 307 (310 f.).

[6] So auch *Tufano*, in: Constantinidis/Harris/Stulz (Hrsg.), Handbook of the Economics of Finance, S. 307 (310); *Rennig*, Finanztechnologische Innovationen im Bankaufsichtsrecht, S. 42; *Möslein*, ZBB 2013, S. 1 (4 f.).

[7] *Ettl*, ZfgK 2016, S. 15.

hier insbesondere Informationsasymmetrien, Steuern, regulatorische Beschränkungen, Transaktionskosten oder Moral-Hazard-Probleme.[8] Dabei erfüllen viele Finanzinnovationen mehrere Funktionen: So dienen zum Beispiel *Asset Backed Securites* zum einen der Umwandlung von Forderungen in liquide Mittel, zum anderen diversifizieren sie auch Risiken.[9]

Zusammenfassend lassen sich vor allem drei Zweckrichtungen von Finanzinnovationen identifizieren, die besonders im Fokus stehen: die Umverteilung bestimmter Risiken, die Steigerung von Liquidität (etwa durch Verbriefungen von Vermögensgegenständen) sowie die Verbesserung der Kapitalallokation.[10] Für die Kunden beziehungsweise Nutzer der Finanzinnovationen bedeutet dies wiederum in der Regel eine größere Auswahl an Finanzprodukten und Dienstleistungen sowie bessere Angebote aufgrund eines breiteren Wettbewerbs.

2.1.3 Besonderheit der aktuellen FinTechs

Finanzinnovationen haben durch die FinTechs der jüngsten Vergangenheit eine neue Dimension erfahren. Daher nehmen FinTechs eine besondere Rolle unter den Finanzinnovationen ein. Bei dem Begriff FinTech handelt es sich um ein Akronym, dass sich aus den Wörtern „*financial services*" und „*technology*" zusammensetzt.[11] Nach der Definition des Finanzstabilitätsrates (*FSB*) handelt es sich bei FinTechs im Allgemeinen um technologiegestützte Innovationen im Finanzdienstleistungssektor, die neue Geschäftsmodelle, Anwendungen, Prozesse oder Produkte hervorbringen und die Finanzmärkte, Institute sowie die Art und Weise der Erbringung von Finanzdienstleistungen beeinflussen können.[12] Mit ihrem technologischen Schwerpunkt bilden FinTechs mithin eine Untergruppe der Finanzinnovationen.

---

[8] *Tufano*, in: Constantinidis/Harris/Stulz (Hrsg.), Handbook of the Economics of Finance, S. 307 (313 f.); *Möslein*, in: ders. (Hrsg.), Finanzinnovation und Rechtsordnung, S. 3 (17).

[9] *Lehmann*, Finanzinstrumente, S. 126 f.

[10] *Möslein*, in: ders. (Hrsg.), Finanzinnovation und Rechtsordnung, S. 3 (19 ff.); so im Ergebnis auch *Tufano*, in: Constantinidis/Harris/Stulz (Hrsg.), Handbook of the Economics of Finance, S. 307 (314).

[11] *Möslein/Omlor*, in: dies. (Hrsg.), FinTech Hdb., § 1 Rn. 1.

[12] Eine rechtliche Definition des Begriffs FinTech existiert zwar nicht, jene des FSB ist jedoch weithin anerkannt: FSB, FinTech, abrufbar unter: https://www.fsb.org/work-of-the-fsb/financial-innovation-and-structural-change/fintech/ (letzter Abruf: 27.03.2025); so auch unter Verweis auf FSB: Expert Group on Regulatory Obstacles to Financial Innovation, S. 9.

Vor allem drei Faktoren machen die FinTechs der letzten Jahre dabei so besonders: die Masse und Vielfalt genutzter Daten, der zunehmende Einsatz von Algorithmen und KI sowie die Disintermediation etablierter Unternehmen und Infrastruktur.[13]

Viele FinTechs bedienen sich mittlerweile Algorithmen, die durch den Einsatz von KI automatisiert Entscheidungen treffen; so werden beispielsweise Anlageentscheidungen unter dem Einsatz von *Robo-Advice*-Lösungen nicht mehr von einem Menschen getroffen, sondern laufen teil- beziehungsweise vollautomatisiert ab; die Entscheidungsfähigkeit der Algorithmen wird dabei durch KI und maschinelles Lernen kontinuierlich verbessert.[14]

Durch das Aufkommen des Internets und die damit einhergehende Zunahme der Rechenleistung sind die zur Verfügung stehenden Daten geradezu explodiert; neben der Quantität hat auch das Spektrum an Datenquellen, wie zum Beispiel Internetseiten oder Social Media Plattformen, zugenommen.[15] Diese stetig wachsenden Datenmengen werden allgemein auch unter dem Begriff „*Big Data*" zusammengefasst. Wurden Daten früher weitgehend über Banken zentral gesammelt und verifiziert, steht den Finanzmarktakteuren heutzutage ein Potpourri an Datenquellen zur Verfügung. Große Unternehmen wie Google, Amazon oder Facebook sind beispielsweise in der Lage, aufgrund ihres riesigen Netzwerks an Nutzern und deren Profile detaillierte Aussagen über die Bedürfnisse und Bonität ihrer Nutzer abzuleiten.[16] Dieser Fülle an Daten bedienen sich Unternehmen vermehrt zur Optimierung ihrer Geschäftsmodelle und Prozesse.[17] Gerade der Einsatz von KI verbessert dabei die Möglichkeiten zur Nutzung dieser Daten; hervorzuheben sind insbesondere Methoden des maschinellen Lernens, die es mittels Algorithmen Computern ermöglicht, aus vorhandenen Daten zu lernen und das Erlernte dann auf neue Daten anzuwenden.[18]

Aber nicht alle FinTechs greifen auf den Einsatz von KI zurück. Vor allem mit Open Banking, das mit der Zweiten Zahlungsdiensterichtlinie (*PSD2*)[19] eingeführt wurde, und *Social Trading* gibt es auch einige prominente Bespiele ohne KI. Bei Open Banking greifen Drittanbieter über spezielle Schnittstellen für Zahlungsauslösedienste oder Kontoinformationsdienste auf Zahlungsdaten und

---

[13] *Brummer/Yadav*, The Georgetown Law Journal 107 (2017), S. 235 (264).

[14] *Möslein/Omlor*, in: dies. (Hrsg.), FinTech-HdB, § 1 Rn. 6.

[15] *Brummer/Yadav*, The Georgetown Law Journal 107 (2017), S. 235 (265).

[16] *Ettl*, ZfgK 2016, S. 15 (16).

[17] BaFin, Big Data trifft auf künstliche Intelligenz, S. 18.

[18] BaFin, Big Data trifft auf künstliche Intelligenz, S. 17.

[19] Richtlinie (EU) 2015/2366, national umgesetzt im ZAG.

Infrastruktur von Banken und Zahlungsdienstleistern zu.[20] Ein Drittanbieter als Zahlungsauslösedienstleister kann daher über eine Onlinebanking-Schnittstelle auf Antrag des Zahlungsempfängers eine Überweisung zu dessen Gunsten ausführen, worüber der Zahlungsempfänger auch unmittelbar informiert wird; handelt es sich bei dem Zahlungsempfänger beispielsweise um einen Internethändler, so hat dieser direkt Gewissheit über die Übermittlung des Zahlungsauftrags und kann die Ware freigeben.[21] Im Bereich des *Social Trading* wiederum stellen FinTech-Unternehmen Internet-Plattformen zur Verfügung, auf denen Trader ihre Anlagestrategien darstellen können; dabei wird die Vermögensverwaltung mit Elementen sozialer Netzwerke kombiniert und die „kollektive Intelligenz" einer Vielzahl von Anlegern genutzt. Grundsätzlich gibt es drei Arten diese Plattformen zu nutzen: (1) rein informativ und zu Diskussionszwecken, (2) manuell Anlagestrategien kopieren und (3) Anlagestrategien automatisiert nachbilden.[22]

Während Finanzinnovationen traditionell von großen bereits etablierten Finanzunternehmen ausgehen, kommen die jüngsten FinTechs in der Regel von kleineren Startup-Unternehmen; diese FinTechs können dann entweder traditionelle Dienstleistungen oder Produkte von großen etablierten Finanzunternehmen ergänzen, zu diesen in Konkurrenz treten oder sie sogar ersetzen; so nehmen beispielsweise *Robo-Advice*-basierte Systeme in vorab gesteckten Grenzen Anlageentscheidungen anstelle von menschlichen Anlageberatern vor, oder crowdbasierte Finanzierungsplattformen ersetzen Banken bei der Vergabe von Darlehen, indem die Bank als Vermittler des Darlehens wegfällt und der Darlehensnehmer mit dem Darlehensgeber direkt in Kontakt tritt.[23] Bereits hier drängt sich die Frage auf, ob diese Tätigkeiten unter bereits bestehende Regulierung fallen und mithin möglicherweise unter einem Erlaubnisvorbehalt stehen.

2.1.4 Zwischenergebnis

Während Finanzinnovationen im Allgemeinen ein fester Bestandteil der Finanzwelt sind und diese stetig weiterentwickeln, bringen die jüngsten FinTechs eine neue Dynamik mit sich. Insbesondere durch die Nutzung von Big Data und KI

---

[20] *Bitter*, in: Hoeren/Sieber/Holznagel (Hrsg.), Handbuch Multimedia-Recht, Teil 15.4, Rn. 24.

[21] *Caspar*, in: MüKo-BGB, Band 6, § 675f, Rn. 40.

[22] Dorfleitner/Hornuf/Wannenmacher, ifo Schnelldienst 2020, S. 33 (37).

[23] *Brummer/Yadav*, The Georgetown Law Journal 107 (2017), S. 235 (276 f.).

verändern sich die Strukturen auf den Finanzmärkten und stellen somit auch deren Regulierung vor neue Herausforderungen.

2.2 Aufsichtskonzept im Finanzsektor

Mit Blick auf das Verhältnis zwischen Regulierung und Finanzinnovationen ist es hilfreich, zunächst zu verstehen, wie die Regulierung des Finanzsektors funktioniert.

Die Funktionsweise der Regulierung des Finanzsektors wird entscheidend durch die Rolle der Akteure an den Finanzmärkten geprägt: Diese treffen die Entscheidungen über die Allokation des Finanzkapitals; sie haben den besten Überblick über ihre Produkte und Aktivitäten, da sie in der Regel als Einzige auf der Mikroebene über Echtzeitinformationen verfügen.[24] Dabei agieren sie innerhalb eines regulatorisch vorgegebenen Rahmens, der über die Mikroebene hinaus auch der Sicherung der Finanzstabilität insgesamt dienen soll.[25]

Ausgangspunkt ist dabei der Gedanke, dass Stabilität auf der Mikroebene auch zur Stabilität auf der Makroebene beiträgt: Ein solides Fundament auf Ebene der beaufsichtigten Unternehmen stärkt demnach gleichzeitig auch die Finanzstabilität der Märkte im Allgemeinen.[26] Ziel ist es somit, das Potential übermäßiger Systemrisiken einzuschränken, das Finanzmarktakteure durch ihre Aktivitäten auf der Jagd nach dem eigenen Profit generieren können.[27]

Dieser Ansatz führt dazu, dass Unternehmen, je nach angebotenen Produkten beziehungsweise Dienstleistungen, durch unterschiedliche und klar voneinander getrennten Aufsichtsregimen reguliert werden.[28] Ein Kreditinstitut unterfällt zum Beispiel der Bankenaufsicht und der damit verbundenen Regulierung, wohingegen eine Kapitalverwaltungsgesellschaft und die von ihr verwalteten Investmentvermögen der Investmentaufsicht und der mit ihr verbundenen Regulierung unterfallen, die wiederum Teil der Wertpapieraufsicht ist. Beide Bereiche

---

[24] Im Investmentfondsbereich beispielsweise beobachten in Deutschland die Kapitalverwaltungsgesellschaften fortlaufend die Werte der Vermögensgegenstände der von ihnen verwalteten Investmentvermögen. Die Bundesanstalt für Finanzdienstleistungsaufsicht als die zuständige Aufsichtsbehörde für Investmentvermögen und deren Kapitalverwaltungsgesellschaften erlangt hiervon in der Regel erst im Nachhinein im Rahmen der gesetzlichen Berichtspflichten durch die Kapitalverwaltungsgesellschaften Kenntnis.

[25] *Hocket/Omarova*, Cornell Law Review, Vol. 102, 2017, S. 1143 (1213).

[26] *Omarova*, Yale Journal on Regulation, Vol. 36/2, 2019, S. 735 (747 f.).

[27] *Omarova*, Journal of Financial Regulation, Vol. 6/1, 2020, S. 75 (80).

[28] *Omarova*, Yale Journal on Regulation, Vol. 36/2, 2019, S. 735 (748).

sind in der Regel strikt voneinander getrennt. Die Regelungen in den unterschiedlichen Aufsichtsbereichen berücksichtigen dabei die spezifischen Risiken, die von den beaufsichtigten Unternehmen und deren Aktivitäten ausgehen.[29] Die aufsichtliche Segmentierung betont zusätzlich den Fokus auf punktuelle Aktivitäten von Unternehmen; im Vordergrund stehen im Idealfall minimalinvasive, auf das jeweilige Problem zugeschnittene Maßnahmen.[30]

Das Aufsichtsrecht reagiert folglich immer nur zielgenau auf einzelne, neu auftretende Risiken, um das Gesamtkonzept der Regulierung so wenig wie möglich zu beeinträchtigen; je nachdem kann es bereits ausreichen, Anpassungen vereinzelt durch Gesetzesauslegung im Rahmen der aufsichtlichen Verwaltungspraxis vorzunehmen, ohne Änderungen durch den Gesetzgeber herbeiführen zu lassen. Es bildet folglich einen Ordnungsrahmen ab, der in seiner Gesamtheit relativ statisch ist und sich allenfalls schrittweise verändert.[31] Gleichzeitig wird dies aber auch eine gewisse Dynamik erkennbar: Aufgrund von Finanzinnovationen muss Regulierung immer wieder auch an neue Gegebenheiten angepasst und somit verändert werden; Aufsicht und Gesetzgeber befinden sich somit in einem ständigen Wechselspiel mit den Finanzmarktakteuren.[32]

2.3 Regulierung von Finanzinnovationen

Die Regulierung von Finanzinnovationen stellt den Gesetzgeber und die Aufsicht jedoch vor einige Herausforderungen, die im Folgenden näher dargestellt werden. Diese betreffen deren Gestaltung, die Subsumption unter bestehende Regelungen sowie geeignete Regulierungsinstrumente.

2.3.1 Regulierungsdilemma

Eine der großen Herausforderungen für den Gesetzgeber ist die konkrete Gestaltung der Regulierung von Finanzinnovationen. Einerseits soll Regulierung Finanzinnovationen fördern, sofern diese zu einer Verbesserung des Status quo

---

[29] *Omarova*, Journal of Financial Regulation, Vol. 6/1, 2020, S. 75 (81).

[30] *Omarova*, Journal of Financial Regulation, Vol. 6/1, 2020, S. 75 (82).

[31] In Bezug auf Rechtsregeln im Allgemeinen, siehe auch *Möslein*, ZBB 2013, S. 1 (5).

[32] *Möslein*, in: ders. (Hrsg.), Finanzinnovation und Rechtsordnung, S. 3 (27); *Ettl*, ZfgK 2016, S. 15 (16).

beitragen, andererseits sollen mit ihnen verbundene Risiken vermieden werden.[33] Ziel des Gesetzgebers ist es, grundsätzlich klare Regelungen zu schaffen, die Marktintegrität zu sichern und gleichzeitig Finanzinnovationen zu fördern.[34] Eine Vereinbarkeit dieser drei Ziele scheint jedoch ausgeschlossen.

Die Geschichte der Regulierung der Finanzmärkte ist geprägt von wellenartigen Bewegungen, bei denen sich Regulierung und Deregulierung ständig abwechseln. Auf eine Phase verstärkter Regulierung folgte stets eine Phase, die von Deregulierung bestimmt war. Ein kurzer Rückblick auf die Finanzmarktregulierung der letzten hundert Jahre in den USA veranschaulicht das Dilemma, in dem sich der Gesetzgeber dabei befindet, besonders deutlich: In den 1920er Jahren lag der aufsichtliche Fokus auf freien Märkten und klaren Regelungen, was letztlich die Finanzmärkte destabilisierte. Als Reaktion darauf wurde der Fokus sodann auf die Marktintegrität gelegt, was jedoch zu komplexeren Regeln und weitreichenden Verboten führte. Diese Entwicklung wiederum wurde durch die Deregulierungsagenda der 1990er Jahre gestoppt, und das Ziel der Marktintegrität wurde zugunsten klarerer Regelungen und der Förderung von Finanzinnovationen letzten Endes geopfert. Nach der globalen Finanzkrise von 2008/2009 gab es schließlich wieder eine Besinnung auf die Vorzüge der Marktintegrität, was jedoch auch wieder komplexere Regelungen mit sich brachte.[35]

Das regulatorische Pendel schwenkt folglich, je nach wirtschaftlicher Lage, in die eine oder andere Richtung und reagiert dabei auf die vorangegangene Regulierung, indem deren Unzulänglichkeiten durch einen veränderten Fokus ausgebessert werden sollen, was dann wiederum zulasten mindestens eines der beiden anderen Ziele geht.[36] Die große Kunst der Gesetzgeber liegt somit darin, die richtige Balance zwischen den drei Zielen der Regulierung zu finden.

---

[33] *Rennig*, Finanztechnologische Innovationen im Bankaufsichtsrecht, S. 45; *Ettl*, ZfgK 2016, S. 15 (17).

[34] *Brummer/Yadav*, The Georgetown Law Journal 107 (2017), S. 235 (244); ähnlich auch: *Möslein*, ZBB 2013, S. 1 (11 f.), der das Spannungsverhältnis zwischen Zielgenauigkeit einerseits und Entwicklungsoffenheit andererseits beschreibt.

[35] Siehe hierzu ausführlich: *Brummer/Yadav*, The Georgetown Law Journal 107 (2017), S. 235 (249 ff.).

[36] *Brummer/Yadav*, The Georgetown Law Journal 107 (2017), S. 235 (264).

2.3.2 Strukturelle Unsicherheiten und rechtliche Hürden

Bei vielen Finanzinnovationen, und insbesondere bei FinTechs, stellt sich den Finanzmarktakteuren und auch der Aufsicht die Frage, ob diese unter bestehende Regelungen subsumiert werden können und sich dadurch möglicherweise Zulassungs- und Zulassungsfolgepflichten ergeben.

Anknüpfungsmoment für die Regulierung der Finanzmärkte sind die Tätigkeiten oder Produkte der Finanzmarktakteure, unabhängig von der eingesetzten Technologie.[37] Die entsprechende Qualifikation und mithin Subsumption unter eine bestimmte Regelung ist daher abhängig von dem konkreten Geschäftsmodell. Besonders deutlich wird dies am Beispiel der digitalen Finanzdienstleistungen im Bereich der Kapitalanlagen, dem sog. *Robo-Advice*[38]. Unter den Begriff des *Robo-Advice* werden alle technischen Systeme zusammengefasst, mit denen Anleger investieren können und über die sie ihr Vermögen verwalten lassen können; die Finanzdienstleistung wird dabei über eine App oder Internetseite angeboten und meist auch unter Anwendung von Algorithmen auf Basis von automatisiert ausgewerteter Kundenbefragung ausgeführt.[39] Je nach dem konkreten Geschäftsmodell des *Robo-Advice* kommt somit die Finanzportfolioverwaltung, die Abschluss- beziehungsweise Anlagevermittlung oder Anlageberatung in Betracht.[40] Die Qualifikation des jeweiligen Geschäftsmodells richtet sich zwar nach den allgemeinen Kriterien, jedoch sind die spezifischen Besonderheiten des Einsatzes automatisierter Algorithmen anstelle menschlichen Handelns zu berücksichtigen, die insbesondere die Unterscheidung zwischen Anlageempfehlung und bloßer Produktbeschreibung diffiziler gestalten.[41] Je nach rechtlicher Zuordnung ergeben sich daraus unterschiedliche Anforderungen, wie hinsichtlich der Erkundigungspflichten. Während im Falle einer Anlageberatung die strengeren Erkundigungspflichten nach § 64 Abs. 3 S. 1 WpHG einschlägig sind, findet bei einer bloßen Anlageempfehlung lediglich die Angemessenheitsprüfung gemäß § 63 Abs. 10 S. 1 WpHG Anwendung.

---

[37] EU-Kommission, FinTech-Aktionsplan, COM(2018) 109 final, Ziffer 1.1.

[38] Teilweise auch als *Robo Advisor* oder *Robo Advisory* bezeichnet.

[39] *Oppenheim/Lange-Hausstein*, WM 2016, S. 1966 (1967); *Möslein/Lordt*, ZIP 2017, S. 793 (794).

[40] *Oppenheim/Lange-Hausstein*, WM 2016, S. 1966 (1967); *Roth*, ZBB/JBB 2022, S. 364 (366).

[41] *Möslein/Lordt*, ZIP 2017, S. 793 (795); *Roth*, ZBB/JBB 2022, S. 364 (366).

Unabhängig von der jeweiligen rechtlichen Zuordnung des konkreten Geschäftsmodells des *Robo-Advice* ist allen Arten der in Rede stehenden Finanzdienstleistungen[42] gemein, dass für deren Ausübung grundsätzlich eine Erlaubnis nach § 32 KWG erforderlich ist. Dies bedeutet ein aufwendiges Erlaubnisverfahren sowie mit der Erlaubniserteilung verbundene Folgepflichten, wie zum Beispiel Wohlverhaltenspflichten, die umfangreiche Informations- und Dokumentationspflichten beinhalten.[43] Der hierdurch entstehende organisatorische, aber auch finanzielle Aufwand stellt gerade für Startup-Unternehmen eine praktisch kaum überwindbare Hürde dar.[44] In der Praxis entstehen daher häufig Kooperationen oder Joint Ventures zwischen Start-up-Unternehmen und etablierten Unternehmen mit einer entsprechenden Erlaubnis beziehungsweise Letztere kaufen sich alternativ die Technik der Startup-Unternehmen hinzu.

2.3.3 Möglichkeiten der Regulierung

Finanzinnovationen sind aufgrund der Regulierungsdichte zunächst erstmal in ein recht enges Korsett mit wenig Gestaltungsspielraum gesteckt.[45] Gesetzgeber scheinen auch tendenziell vorsichtiger im Umgang mit ihnen zu sein, da sie diese zum einen nicht vorher blockieren möchten, zum anderen aber auch, weil ihnen diesbezüglich das notwendige Knowhow fehlt.[46] Für die Regulierung von Finanzinnovationen gibt es diverse Ansätze, auf die der Gesetzgeber bei Ausgestaltung des regulatorischen Rahmens zurückgreifen kann. Sie setzen jeweils an verschiedenen Stellen an und unterscheiden sich teils stark in ihrer Eingriffsintensität; dadurch gewähren sie eine gewisse Flexibilität, um angemessen auf Finanzinnovationen reagieren zu können.[47] Die Regulierungsinstrumente reichen dabei klassischerweise von informellen Maßnahmen bis hin zu Verboten. Die Wahl des Regulierungsinstruments selbst ist auch schon eine entsprechende Wertung und sendet ein bestimmtes Signal an den Markt.[48] Je nach Eingriffsintensität

---

[42] Gemeint sind hier die Anlageberatung, -vermittlung, Abschlussvermittlung und Finanzportfolioverwaltung.

[43] *Oppenheim/Lange-Hausstein*, WM 2016, S. 1966 (1969); *Möslein/Lordt*, ZIP 2017, S. 793 (797).

[44] *Möslein/Lordt*, ZIP 2017, S. 793 (797); *Roth*, ZBB/JBB 2022, S. 364 (366).

[45] *Rennig*, Finanztechnologische Innovationen im Bankaufsichtsrecht, S. 48.

[46] *Chiu*, in: Möslein/Omlor (Hrsg.), FinTech-HdB, § 37, Rn. 36.

[47] So im Ergebnis auch: *Brummer/Yadav*, The Georgetown Law Journal 107 (2017), S. 235 (283).

[48] *Brummer/Yadav*, The Georgetown Law Journal 107 (2017), S. 235 (282).

des eingesetzten Regulierungsinstruments macht der Gesetzgeber deutlich, für wie risikoreich er eine bestimmte Tätigkeit hält.

2.3.3.1 Informelle Maßnahmen

Durch öffentliche Äußerungen im Rahmen von Reden oder schriftlichen Verlautbarungen können Regelgeber beziehungsweise Regulierer Signale an die Finanzmärkte senden, die Rückschlüsse auf etwaige Bedenken oder eine künftige Regulierung zulassen.[49] Als Beispiel hierfür sei die jährliche Neujahrsrede der Bundesanstalt für Finanzdienstleistungsaufsicht (*BaFin*) erwähnt, in der sie ihren aufsichtlichen Fokus erläutert und die im gesamten Finanzmarkt Beachtung findet.

Dieser Ansatz ist zwar kurzfristig umsetzbar und in seinem Wirkungskreis sehr flexibel, da die Äußerungen sowohl individuell als auch abstrakt formuliert sein können, auf der anderen Seite ist jedoch keinerlei Austausch an Daten oder Informationen seitens der Finanzmarktakteure an die Aufsicht erforderlich; dies ist regelmäßig erst im Rahmen der laufenden Aufsicht der Fall beispielsweise nach Erlaubniserteilung; eine angemessene Risikoabschätzung mangels näherer Sachverhaltskenntnisse ist daher nur schwer möglich.[50]

2.3.3.2 Verhaltenspflichten

Ein weiteres Regulierungsinstrument können Vorschriften sein, die bestimmte Anforderungen an das Verhalten der Finanzmarktakteure stellen. Anknüpfungsmoment für die Verhaltensvorschriften kann entweder ein Finanzprodukt oder eine angebotene Dienstleistung sein. So sind beispielsweise Finanzintermediäre bei reinen Ausführungsgeschäften von ihrer Explorationspflicht und Pflicht zur Geeignetheits- oder Angemessenheitsprüfung gemäß § 63 Abs. 11 Nr. 1 WpHG befreit, soweit das Geschäft nicht komplexe Finanzinstrumente betrifft. Umgekehrt bedeutet dies, dass bei komplexen Finanzinstrumenten die strengeren Verhaltenspflichten von § 63 Abs. 10 WpHG zu beachten sind.[51] Hinsichtlich der mit bestimmten Dienstleistungen verbundenen Verhaltenspflichten können jene für die Erbringung der kollektiven Vermögensverwaltung von Kapitalverwaltungsgesellschaften nach §§ 26 ff. KAGB beispielhaft angeführt werden, wonach unter anderem bestimmte Anforderungen an die Kapitalverwaltungsgesellschaften hinsichtlich des Umgangs mit möglichen Interessenskonflikten sowie der internen Organisation gestellt werden.

---

[49] *Brummer/Yadav*, The Georgetown Law Journal 107 (2017), S. 235 (283).

[50] *Brummer/Yadav*, The Georgetown Law Journal 107 (2017), S. 235 (285).

[51] *Möslein*, ZBB 2013, S. 1 (14).

Durch solche Pflichten werden zwar Risiken, die von einem Finanzprodukt oder einer Dienstleistung ausgehen können, entsprechend adressiert, gleichzeitig finden sie dort ihre Grenzen, wo die Verantwortlichkeiten des Aufsichtsobjekts[52] enden; sollten sich Risiken von Finanzinnovationen realisieren, die für Aufsichtsobjekte ex ante nicht erkennbar waren, etwa weil sie erst nach einer gewissen Zeit und massenhafter Verbreitung entstehen, können ihnen diese nicht zur Last gelegt werden, da sie außerhalb ihres Verantwortungsbereichs liegen.[53]

2.3.3.3 Transparenzpflichten

Darüber hinaus besteht auch die Möglichkeit, Risiken, die von Finanzprodukten ausgehen können, mittels Transparenzpflichten offenzulegen und somit ein entsprechendes Bewusstsein zu schaffen. Diese können routinemäßige oder anlassbezogene Meldungen gegenüber den Aufsichtsbehörden sein, aber vor allem auch Aufklärungspflichten gegenüber dem Verbraucher. Kapitalverwaltungsgesellschaften von Alternativen Investmentfonds (*AIF*) müssen der BaFin als der zuständigen Behörde gemäß § 35 KAGB regelmäßig unter anderem Angaben zum aktuellen Risikoprofil sowie zu den Risikomanagementsystemen, die von der Kapitalverwaltungsgesellschaft zur Steuerung der Risiken eingesetzt werden, melden. Gegenüber den Anlegern eines Publikumsinvestmentvermögens sind in den Vertriebsunterlagen, wie zum Beispiel dem Verkaufsprospekt, Angaben zum Risikoprofil des Investmentvermögens zu machen sowie Informationen zu den Risikomanagementmethoden und Risiken im Allgemeinen zur Verfügung zu stellen. Entscheidend für das Maß an Transparenzpflichten ist auch der potentielle Anlegerkreis; so ist im Investmentfondsbereich beim Vertrieb von Investmentfondsanteilen an Privatanleger unter anderem ein Verkaufsprospekt zu erstellen, nicht aber dann, wenn die Investmentfondsanteile ausschließlich an professionelle Anleger vertrieben werden.

Transparenzpflichten führen zwar dazu, dass mit Finanzinnovationen jeweils verbundene Risiken offengelegt werden, Verbraucher und Aufsichtsbehörden mithin Kenntnis von diesen erlangen und sich denen bewusst sind; gleichwohl tragen die Transparenzpflichten selbst nicht zur Beseitigung oder Minimierung der Risiken bei. Zudem ist zu berücksichtigen, dass Anleger nur bis zu einem gewissen Grad in der Lage sind, Informationen zu erfassen und zu verarbeiten; gerade

---

[52] In den beiden genannten Beispielen sind dies Finanzintermediäre beziehungsweise Kapitalverwaltungsgesellschaften.

[53] *Möslein*, ZBB 2013, S. 1 (14).

Informationen zu komplexen Produkten, worunter regelmäßig auch Finanzinnovationen fallen, werden Privatanleger häufig überfordern und von ihnen nicht durchdrungen werden.[54]

2.3.3.4 Erlaubnisvorbehalte und Verbote

Schließlich sind im Zusammenhang mit Regulierungsinstrumenten auch Erlaubnisvorbehalte und Verbote zu nennen. Bei diesen beiden Maßnahmen handelt es sich um die eingriffsintensivsten, die als Instrument für die Regulierung zur Verfügung stehen. Ein Erlaubnisvorbehalt besteht beispielsweise für den Geschäftsbetrieb einer Kapitalverwaltungsgesellschaft. Gemäß § 20 Abs. 1 S. 1 KAGB bedarf sie hierzu der Erlaubnis durch die BaFin. Es handelt sich mithin um eine Tätigkeit, die an bestimmte Voraussetzungen geknüpft ist und nicht ohne vorherige Genehmigung durch die BaFin ausgeführt werden darf. Ein Verstoß dagegen ist gemäß § 339 Abs. 1 KAGB strafbar.

Hinsichtlich Verbotsnormen ist ferner zu differenzieren, ob diese eine Tätigkeit oder ein Produkt gänzlich verbieten oder aber nur für bestimmte Anleger. Nach Art. 14 Verordnung (EU) Nr. 236/2012 über Leerverkäufe und bestimmte Aspekte von *Credit Default Swaps* (*LeerverkaufsVO*) ist es verboten, ungedeckte *Credit Default Swaps* auf öffentliche Schuldtitel abzuschließen. Dieses Verbot gilt allgemein und somit für Jedermann. Spezialfonds gemäß §§ 273 ff. KAGB hingegen sind nicht für Privatanleger zugänglich. Deren Anteile können aber von professionellen und semi-professionellen Anlegern erworben werden.

Beide Methoden – Erlaubnisvorbehalte und Verbote – dienen zwar dazu, Risiken, die von bestimmten Produkten oder Aktivitäten ausgehen, zu vermeiden oder weitestgehend zu reduzieren; auf Finanzinnovationen wirken sie jedoch hemmend.[55] Im Rahmen von Verbotsnormen bleibt de lege lata gar kein Raum für Finanzinnovationen; dieser ist allenfalls de lege ferenda möglich, sofern sie risikoverringernd wirken oder eine Risiko-Nutzenabwägung eine neue rechtliche Bewertung rechtfertigen würde. Bei einem Erlaubnisvorbehalt sind Finanzinnovationen de lege lata nur im Rahmen der Erlaubnisvoraussetzungen möglich; eine Erweiterung der Tatbestände, die von einer Erlaubnis erfasst sind, käme de lege ferenda ebenfalls nur in Frage, wenn eine neue rechtliche Bewertung dies rechtfertigen würde.

---

[54] *Köndgen*, BKR 2011, S. 283 (284); *Koch*, BKR 2012, S. 485.

[55] *Chiu*, in: Möslein/Omlor (Hrsg.), FinTech-HdB, § 37, Rn. 33.

2.4 Zwischenergebnis

Finanzinnovationen sind ein fester Bestandteil der Finanzwelt. Durch ihr stetiges Wechselspiel mit der Regulierung durchlaufen die Finanzmärkte einen kontinuierlichen Wandel. Die jüngsten FinTechs haben in diese Korrelation eine neue Dynamik hineingebracht. Deren Regulierung erweist sich als große Herausforderung, bei denen die klassischen Regulierungsinstrumente an ihre Grenzen stoßen. Gerade vor dem Hintergrund der ansteigenden Komplexität der Finanzinnovationen ist ein umfassendes Verständnis vonseiten der Regelgeber und Aufseher in Bezug auf die Finanzinnovation erforderlich, um damit verbundene Risiken besser erfassen und einschätzen zu können[56] und dementsprechend ein angemessenes Regelwerk zu schaffen.

Es drängt sich nunmehr die Frage auf, ob aufgrund der Besonderheiten der FinTechs die Schaffung eines speziellen Regelwerks erforderlich wird oder diese mit den bestehenden Regulierungsinstrumenten, die gegebenenfalls ergänzt werden müssten, zu bewerkstelligen wären. Ein spezielles Regelwerk für FinTechs wäre nicht erforderlich, soweit die bestehende Regulierung einerseits genügend Freiraum für Innovationen bietet, andererseits aber auch mit ihnen verbundene Risiken angemessen berücksichtigt.[57]

Die derzeitig zur Verfügung stehenden Regulierungsinstrumente scheinen diesem Drahtseilakt zwischen Innovationsoffenheit und Risikoabdeckung nicht ausreichend gerecht zu werden. An dieser Stelle sei daher der kollaborative Regulierungsansatz der Reallabore zu erwähnen. Ihnen könnte eine Schlüsselrolle zukommen, um den gordischen Knoten letztendlich durchschlagen zu können und die richtige Balance zwischen Finanzmarktregulierung und Finanzinnovationen zu finden. Bei einem Reallabor handelt es sich um ein relativ neues Regulierungsinstrument. Während die zuvor dargestellten Regulierungsinstrumente Allgemeingültigkeit im Rahmen der Regulierung besitzen, sind Reallabore speziell für Innovationen vorgesehen. Sie werden im Folgenden näher erörtert.

---

[56] *Parenti*, Regulatory Sandboxes and Innovation Hubs for FinTechs, S. 17; *Ettl*, ZfgK 2016, S. 15 (16).

[57] So im Ergebnis auch: *Rennig*, Finanztechnologische Innovationen im Bankaufsichtsrecht, S. 61.

3 Begriff „Reallabor"

Auf europäischer Ebene, aber auch global gibt es diverse Modelle von innovationsfördernden Maßnahmen. Diese können grob in zwei Kategorien eingeteilt werden: Innovationszentren (*innovation hubs*) und Reallabore (*regulatory sandboxes*).[1] Während Innovationszentren Unternehmen lediglich eine Plattform zum unverbindlichen Austausch über FinTech-bezogene Themen und den damit verbundenen aufsichtsrechtlichen Anforderungen mit den zuständigen Aufsichtsbehörden bieten, handelt es sich bei Reallaboren um Systeme, die es Unternehmen ermöglichen, Finanzinnovationen unter Aufsicht in einem sehr eng begrenzten Rahmen zu testen.[2] Letztere gehen somit über Diskussionen auf theoretischer Ebene hinaus und testen Produkte beziehungsweise Dienstleistungen unter realen Bedingungen. Sie bieten mithin aufschlussreichere Erkenntnisse über die rechtlichen Rahmenbedingungen und operativen Prozesse.[3] Im Folgenden geht es daher ausschließlich um das Konstrukt der Reallabore.

3.1 Definition

Weltweit gibt es die unterschiedlichsten Ausprägungen von Reallaboren. Sie verfolgen zwar alle den gleichen Ansatz, basieren jedoch auf verschiedenen Modellen.

---

[1] *Parenti*, Regulatory Sandboxes and Innovation Hubs for FinTechs, S. 19.

[2] ESAs Joint Report: FinTech: Regulatory sandboxes and innovation hubs, S. 5.

[3] *Ringe/Ruof*, European Journal of Risk Regulation, Vol. 11/3, 2020, S. 604 (612).

J. Lorenz, *Finanzinnovationen im Investmentfondsbereich und Regulierung unter dem Kapitalanlagegesetzbuch*, https://doi.org/10.1007/978-3-658-51864-6_3

Allgemein kann man Reallabore als regulatorische Erprobungszonen bezeichnen, die Unternehmen einen kontrollierten Raum bieten, um mit Unterstützung der jeweils zuständigen Aufsichtsbehörde für einen begrenzten Zeitraum innovative Produkte und Dienstleistungen zu testen und zu validieren.[4]

Gegenstand eines Reallabors ist mithin stets die Testung einer Innovation. Das Reallabor zeichnet sich des Weiteren dadurch aus, dass es zeitlich sowie räumlich begrenzt ist und ein intensiver Austausch zwischen Aufsichtsbehörde und Unternehmen stattfindet.

Schließlich ist noch hervorzuheben, dass es auch innerhalb der Reallabore per se keine Ausnahme von etwaigen Erlaubnisvorbehalten gibt; ein Unternehmen darf daher keine erlaubnispflichtige Tätigkeit ohne entsprechende Erlaubnis ausführen; die Aufsichtsbehörde kann aber im Rahmen ihrer Möglichkeiten Erleichterungen innerhalb des Reallabors gewähren mit dem Ziel, dass am Ende des Verfahrens die Einhaltung der vollen regulatorischen Vorgaben steht.[5]

3.1.1 Legaldefinition

Mit dem Entwurf des Reallabore-Gesetzes[6] (*ReallaboreG-E*) wird künftig der Begriff des Reallabors sektorenübergreifend auf nationaler Ebene legal definiert. Nach § 2 Nr. 1 ReallaboreG-E erfasst der Begriff des Reallabors „*befristete Erprobungen innovativer Technologien, Produkte, Dienstleistungen oder Ansätze, die unter möglichst realen Bedingungen und unter Beteiligung der jeweils zuständigen Behörde von Akteuren aus Wirtschaft, Wissenschaft, Verwaltung oder Zivilgesellschaft durchgeführt werden*“. Die Legaldefinition im ReallaboreG-E orientiert sich somit an dem allgemeinen grundsätzlichen Verständnis von Reallaboren, indem sie die wesentlichen Elemente wie die Erprobung, Befristung und der Austausch mit den jeweils zuständigen Behörden aufgreift.

---

[4] EBA Discussion Paper on the EBA’s approach to financial technology (FinTech), S. 7, Fn. 8; siehe im Ergenbis auch: *Krönke*, JZ 2021, S. 434 (435); *Spindler/Büning*, JZ 2023, S. 799 (800).

[5] ESAs Joint Report: FinTech: Regulatory sandboxes and innovation hubs, S. 18; *Roth*, ZBB/JBB 2022, S. 364 (368).

[6] Zum Zeitpunkt des Verfassens dieser Arbeit war das Gesetzgebungsverfahren zum Reallabore-Gesetz noch nicht abgeschlossen. Es war lediglich ein Entwurf veröffentlicht (siehe BT-Drucks. 21/218).

3.1.2 Anwendungsbereich

Das Konzept des Reallabors wird zum Testen von Innovationen in diversen Wirtschaftssektoren verwendet; dies geht von der Informationstechnik über die Energieindustrie bis hin zur Medizin.[7] So gibt es bereits erste Beispiele für Reallabore bei der Erprobung von autonomen und vernetzten Bussen, Schiffen oder Drohnen, Telemedizin, KI, E-Government oder nachhaltigen Quartierslösungen.[8] Auch im Finanzsektor sind Reallabore mittlerweile immer weiter verbreitet; sie sind dabei nicht auf einen bestimmten Bereich beschränkt, sondern werden sektorenübergreifend eingesetzt, mithin über den Banken-, Wertpapier- und Versicherungsbereich hinaus.[9]

Zugang zu einem Reallabor haben grundsätzlich sowohl bereits regulierte Unternehmen als auch (noch) nicht regulierte Unternehmen, wie Startup-Unternehmen; letztere können sich sogar auch dann um die Teilnahme in einem Reallabor bewerben, wenn sie selbst nur technische Dienstleistungen für ein reguliertes Unternehmen anbieten wollen, vorausgesetzt sie haben eine Vereinbarung mit dem jeweiligen regulierten Unternehmen über eine entsprechende Zusammenarbeit abgeschlossen.[10]

3.1.3 Verfahrensablauf

Der Ablauf des Verfahrens für ein Reallabor ist zwar uneinheitlich, allgemein lässt er sich aber in vier unterschiedliche Phasen einteilen: Bewerbung, Vorbereitung, Testung und Auswertung.[11]

In der Bewerbungsphase des Reallabors geht es um den Zugang zu diesem. Dabei kann der Zugang entweder jederzeit möglich sein oder durch bestimmte Bewerbungsfristen eingeschränkt werden.[12] An die Bewerbung sind zudem regelmäßig bestimmte Anforderungen geknüpft. Dabei geht es vor allem um Aspekte wie die Innovativität des Geschäftsmodells, ein etwaiger Nutzen

---

[7] *Ringe/Ruof*, European Journal of Risk Regulation, Vol. 11/3, 2020, S. 604 (606).

[8] BMWi, Reallabore – Testräume für Innovation und Regulierung, 10.07.2023, abrufbar unter: https://www.bmwk.de/Redaktion/DE/Dossier/reallabore-testraeume-fuer-innovation-und-regulierung.html (letzter Abruf: 25.03.2025).

[9] ESAs Joint Report: FinTech: Regulatory sandboxes and innovation hubs, S. 21.

[10] ESAs Joint Report: FinTech: Regulatory sandboxes and innovation hubs, S. 21.

[11] ESAs Joint Report: FinTech: Regulatory sandboxes and innovation hubs, S. 22.

[12] ESAs Joint Report: FinTech: Regulatory sandboxes and innovation hubs, S. 22; *Wendt*, CF 2020, S. 366 (367).

für den Verbraucher und den Markt, die Notwendigkeit einer Teilnahme (etwa aufgrund bestehender Rechtsunsicherheiten) oder die erforderliche Reife des Geschäftsmodells für die Testphase.[13]

Ist ein Unternehmen für ein Reallabor zugelassen worden, so werden in der Vorbereitungsphase die Rahmenbedingungen festgelegt. Nach einem vorangegangenen Austausch mit dem Unternehmen entscheidet die Aufsichtsbehörde über die anzuwendenden Regeln und gewährt gegebenenfalls gewisse Erleichterungen; gleichzeitig trifft sie auch funktions- und anlegerschützende Vorkehrungen (Beschränkung hinsichtlich Kunden/Anleger oder Anlagevolumen, Ausschluss bestimmter Kunden-/Anlegergruppen, Offenlegungspflichten).[14] Darüber hinaus wird der zeitliche Rahmen festgelegt sowie eine Ausstiegsstrategie bestimmt, sodass das Reallabor im Falle eines Scheiterns möglichst schadensfrei abgewickelt werden kann.[15]

Die Testphase stellt das eigentliche Reallabor dar. Das Unternehmen kann dabei seine Innovation unter realen Bedingungen innerhalb der vereinbarten Parameter testen; es steht während dieser Zeit mit der Aufsichtsbehörde in ständigem direktem Kontakt und kann mit ihr bei Bedarf mögliche Verbesserungen besprechen.[16]

Die letzte Phase ist die Auswertungsphase. Das Reallabor endet in der Regel mit einem Abschlussbericht, der entweder vom Unternehmen selbst oder der Aufsichtsbehörde verfasst wird. Der Bericht dient dazu, dem Unternehmen einen reibungslosen Übergang in den regulären Markt zu ermöglichen.[17] Üblicherweise erfordert dies eine Anpassung des Produkts beziehungsweise der Dienstleistung an die Regulierung; manchmal motiviert sie sogar auch die Gesetzgebung zu einer Anpassung der Regulierung.[18]

---

[13] ESAs Joint Report: FinTech: Regulatory sandboxes and innovation hubs, S. 23; *Parenti*, Regulatory Sandboxes and Innovation Hubs for FinTechs, S. 31 f.; *Ringe/Ruof*, European Journal of Risk Regulation, Vol. 11/3, 2020, S. 604 (607).

[14] ESAs Joint Report: FinTech: Regulatory sandboxes and innovation hubs, S. 25; *Wendt*, CF 2020, S. 366 (367); *Roth*, ZBB/JBB 2022, S. 364 (368 f.).

[15] ESAs Joint Report: FinTech: Regulatory sandboxes and innovation hubs, S. 25 f.; *Ringe/Ruof*, European Journal of Risk Regulation, Vol. 11/3, 2020, S. 604 (609 f.); *Wendt*, CF 2020, S. 366 (367).

[16] ESAs Joint Report: FinTech: Regulatory sandboxes and innovation hubs, S. 27; *Wendt*, CF 2020, S. 366 (368).

[17] ESAs Joint Report: FinTech: Regulatory sandboxes and innovation hubs, S. 28; *Wendt*, CF 2020, S. 366 (368).

[18] ESAs Joint Rreport: FinTech: Regulatory sandboxes and innovation hubs, S. 29 f.; *Wendt*, CF 2020, S. 366 (368).

3.2 Sinn und Zweck

Ein Reallabor dient dazu, Innovationen zu ermöglichen und gleichzeitig einen Regulierungsrahmen zu entwickeln.[19] Sowohl Aufsichtsbehörde als auch das teilnehmende Unternehmen sollen innerhalb eines überwachten Raums die Wirkungsweise der jeweiligen Innovation und somit auch die damit verbundenen Chancen und Risiken bereits vor deren Markteinführung verstehen lernen, um weiterführende Erkenntnisse hinsichtlich ihrer regulatorischen Behandlung sowie hinsichtlich ihrer Anwendung in der Praxis zu erhalten.[20] Die Testphase im Reallabor und der damit verbundene Erkenntnisgewinn soll einerseits dem Gesetzgeber die Möglichkeit bieten, flexible regulatorische Antworten auf die jeweilige Innovation zu finden und es andererseits dem beteiligten Unternehmen ermöglichen, Innovationen trotz regulatorischer Hürden zu erproben.[21] Die Zusammenarbeit zwischen Aufsichtsbehörde und Unternehmen bei der Erforschung der meist komplexen Prozesse findet nicht durch die klassischen hierarchisch strukturierten Befehls- und Kontrollketten statt, wie sie üblicherweise im Aufsichtsrecht bestehen, sondern basieren vielmehr auf einer Partnerschaft im Sinne der sog. „New Governance", bei der Regulierung als iterativer und dialogischer Prozess verstanden wird.[22]

---

[19] BMWi, Strategie Reallabore, S. 4.

[20] ESAs Joint Report: FinTech: Regulatory sandboxes and innovation hubs, S. 16; *Ringe/Ruof*, European Journal of Risk Regulation, Vol. 11/3, 2020, S. 604 (605); *Krönke*, JZ 2021, S. 434 (436); *Ahern*, European Business Organization Law Review 26 (2025), S. 241 (259 f.).

[21] BMWi, Strategie Reallabore, S. 5.

[22] *Roth*, ZBB/JBB 2022, S. 364 (367 f.); *Spindler/Büning*, JZ 2023, S. 799 (800); zum Begriff der New Governance siehe näher: *Allen*, The George Washington Law Review 87 (2019) S. 579 (600).

4 Internationaler Vergleich

Das Konzept des Reallabors wird mittlerweile in den unterschiedlichsten Ausprägungen weltweit eingesetzt. Eines der ersten Länder, das seinen Unternehmen ein Reallabor zur Verfügung gestellt hat, war Großbritannien; andere europäische Länder wie die Niederlande, Dänemark, Polen oder Litauen folgten diesem Beispiel kurz darauf.[1] In den USA existieren ebenfalls zahlreiche Programme, die reallaborähnliche Eigenschaften aufweisen, wenngleich auf Bundesebene kein einheitliches Konzept für Reallabore besteht.[2] Auch im asiatisch-pazifischen Raum sind Reallabore weit verbreitet und einsatzbereit in Ländern wie Australien, China, Hongkong, Indien, Indonesien, Malaysia, Singapur, Süd-Korea, Taiwan und Thailand.[3]

4.1 Großbritannien

Großbritannien gilt als Pionier für Reallabore. Bereits im Jahr 2015 entschied sich die britische Aufsichtsbehörde, die *Financial Conduct Authority* (*FCA*), im Umgang mit Finanzinnovationen für den Einsatz von Reallaboren.[4] Vorbild für die FCA waren dabei die Verfahren für klinische Prüfungen von Arzneimitteln.[5]

[1] ESAs Joint Report: FinTech: Regulatory sandboxes and innovation hubs, S. 18.

[2] *Gerlach/Rugilo*, Credit and Capital Markets, Vol. 52/3, 2019, S. 323 (344).

[3] *Jenik/Lauer*, CGAP Working Paper, 2017, S. 11; *Wendt*, CF 2020, S. 366 (370).

[4] *Chiu*, in: Möslein/Omlor (Hrsg.), FinTech-HdB, § 37, Rn. 1.

[5] *Krönke*, JZ 2021 S. 434 (435); *Roth*, ZBB/JBB 2022, S. 364 (368).

J. Lorenz, *Finanzinnovationen im Investmentfondsbereich und Regulierung unter dem Kapitalanlagegesetzbuch*, https://doi.org/10.1007/978-3-658-51864-6_4

4.1.1 Zugang

Sowohl bereits regulierte Unternehmen als auch Startup-Unternehmen, die ihren Markteintritt vorbereiten und einer Erlaubnis bedürfen, sowie Technologieunternehmen, die regulierte Unternehmen unterstützen, können sich in Großbritannien auf einen Platz in einem Reallabor bewerben.[6] Die Unternehmen können dabei in sämtlichen Bereichen des Finanzmarktes tätig sein, sofern das zu testende Produkt oder Geschäftsmodell mit einer registrierten Tätigkeit im Zusammenhang steht.[7]

Bis 2021 waren Bewerbungen lediglich innerhalb bestimmter Zeitfenster möglich; seit August 2021 sind diese jederzeit möglich.[8]

4.1.2 Unterstützende Maßnahmen

Während der Testphase im Reallabor stehen der FCA einige Maßnahmen zur Verfügung, mit denen sie das jeweilige Unternehmen bei seiner Testung unterstützen kann:

Für die Testung eines neuen Produktes oder Geschäftsmodells im Reallabor kann die FCA eine begrenzte Zulassung erteilen (*restricted authorisation*).[9] Diese gilt dann zwar ausschließlich nur für die Testung des jeweiligen Produktes beziehungsweise Geschäftsmodells innerhalb des Reallabors, jedoch wird andererseits gleichzeitig die Zeitspanne zwischen Konzepterstellung und Konzepttestung unter realen Bedingungen verkürzt.[10]

Darüber hinaus kann die FCA auch bei der Identifizierung möglicherweise einschlägiger Vorschriften helfen (*signposting*) sowie bei deren Auslegung in der konkreten Testphase (*individual guidance*) und eine unverbindliche Einschätzung zu aufsichtsrechtlichen Implikationen des Produktes beziehungsweise Geschäftsmodells abgeben (*informal steer*).[11]

---

[6] FCA, Regulatory Sandbox, Guide, S. 3.

[7] FCA, Regulatory Sandbox, Guide, S. 5.

[8] FCA, Regulatory Sandbox, abrufbar unter: https://www.fca.org.uk/firms/innovation/regulatory-sandbox (letzter Abruf: 27.03.2025).

[9] FCA, Regulatory Sandbox, abrufbar unter: https://www.fca.org.uk/firms/innovation/regulatory-sandbox (letzter Abruf: 27.03.2025).

[10] *Huertas,* in: Kunschke/Schaffelhuber (Hrsg.), FinTech, Teil II, E, Rn. 19.

[11] FCA, Regulatory Sandbox, abrufbar unter: https://www.fca.org.uk/firms/innovation/regulatory-sandbox (letzter Abruf: 27.03.2025).

Schließlich kann die FCA auch auf bestimmte Anforderungen verzichten beziehungsweise diese ändern (*waiver/modification to rules*) oder während der Testphase von der Durchsetzung der Vorschriften absehen (*no enforcement action letter*).[12] All diese Maßnahmen basieren einzig auf dem Ausnutzen behördlicher Entscheidungsspielräume; es werden keine gesetzlichen Ausnahmen für Reallabore geschaffen.[13]

4.1.3 Bestandsaufnahme der FCA

Ein Jahr nach dem Start der Reallabore stellte die FCA in einem Bericht ihre Erkenntnisse vor, die sie aus den ersten beiden Durchgängen über die Nutzung von Reallaboren gewonnen hatte.

Demnach schloss eine große Mehrheit der teilnehmenden Unternehmen die Testphase erfolgreich ab und fast alle von ihnen beabsichtigten, mit ihren Produkten beziehungsweise Geschäftsmodellen auf eine breitere Markteinführung hinzuarbeiten.[14]

Jedem teilnehmenden Unternehmen wurde ein Mitarbeiter der FCA zur Seite gestellt, wodurch unter anderem der Austausch mit entsprechenden Experten innerhalb der FCA erleichtert wurde und dies zu einem besseren Verständnis der Anwendung von aufsichtsrechtlichen Regelungen beitrug.[15] Aufgrund der engen Zusammenarbeit mit der FCA und der daraus resultierenden Rechtssicherheit trug die Teilnahme an Reallaboren ferner dazu bei, dass die jeweiligen Unternehmen leichter Zugang zu Finanzmitteln und Investoren erhielten.[16] Ferner war es den teilnehmenden Unternehmen durch die enge Zusammenarbeit mit der FCA auch möglich, angemessene und verbraucherschützende Sicherheitsvorkehrungen zu treffen.[17]

Zudem konnten die teilnehmenden Unternehmen durch das Reallabor die Rentabilität des Produktes beziehungsweise Geschäftsmodells und die Reaktion der

---

[12] FCA, Regulatory Sandbox, abrufbar unter: https://www.fca.org.uk/firms/innovation/regulatory-sandbox (letzter Abruf: 27.03.2025).

[13] FCA, Regulatory Sandbox, November 2015, S. 8 f.; *Krönke*, JZ 2021, S. 434 (437); *Spindler/Büning*, JZ 2023, S. 799 (801).

[14] FCA, Regulatory sandbox lessons learned report, 2017, S. 5.

[15] FCA, Regulatory sandbox lessons learned report, 2017, S. 5.

[16] FCA, Regulatory sandbox lessons learned report, 2017, S. 5.

[17] FCA, Regulatory sandbox lessons learned report, 2017, S. 6.

Kunden sowie die Tragfähigkeit der eingesetzten Technologie in einem relativ kleinen Rahmen testen, sodass sie stets ohne größere Risiken und Kosten nachjustieren konnten.[18]

Hinsichtlich der eingesetzten Technologien stellte die FCA fest, dass viele Teilnehmer neue Technologien auf herkömmliche Produkte anwendeten und diese nicht für die Entwicklung völlig neuer Produkte nutzten; im Vordergrund stand dabei vor allem die Distributed Ledger Technologie (*DLT*).[19] Diese ermöglichte es den Unternehmen, besser auf die Bedürfnisse der Verbraucher, aber auch der Märkte eingehen zu können, und darüber hinaus noch Kosten zu sparen.[20] Neben der DLT verschoben einige Unternehmen traditionelle Verfahren in den virtuellen Bereich, indem sie Online-Plattformen dafür erstellten, wie zum Beispiel für das Vertriebsverfahren neuer Aktien im Rahmen eines Börsengangs; hierdurch gestaltete sich unter anderem auch der Informationsfluss effektiver und transparenter als beim herkömmlichen Verfahren.[21]

Neben den Vorteilen, die Reallabore für die teilnehmenden Unternehmen bieten, geht der Bericht jedoch auch auf einige Herausforderungen ein, die sich den Unternehmen im Rahmen des Reallabors stellten. Einige Kunden waren beispielsweise aufgrund erhöhter Geldwäscherisiken von Bankdienstleistungen ausgeschlossen; dies ist zwar kein spezifisches Problem im Kontext mit Reallaboren, allerdings war es der FCA aufgrund der engen Zusammenarbeit mit den jeweiligen Unternehmen möglich, tiefere Einblicke in diese Problematik zu erhalten.[22] Ein weiteres Problem, das vor allem kleinere Unternehmen betraf, waren Schwierigkeiten bei der Kundenakquise; die FCA stellte dabei fest, dass Startup-Unternehmen durch die Zusammenarbeit mit bereits im Finanzsektor etablierten Unternehmen Zugang zu einem erheblich größeren Kundenkreis erhalten.[23] Schließlich gestaltete sich die Beurteilung für die FCA, ob ein teilnehmendes Startup-Unternehmen die aufsichtlichen Zulassungsvoraussetzungen erfüllt, häufig komplexer als bei traditionellen Unternehmen, da deren Tätigkeiten meist anders strukturiert sind; im Allgemeinen waren die Unternehmen letztlich in der Lage, die Voraussetzungen für eine Zulassung zu erfüllen, teils auch erst nach weiteren Gesprächen und Informationen; insbesondere Startup-Unternehmen

[18] FCA, Regulatory sandbox lessons learned report, 2017, S. 6.

[19] FCA, Regulatory sandbox lessons learned report, 2017, S. 9.

[20] FCA, Regulatory sandbox lessons learned report, 2017, S. 10.

[21] FCA, Regulatory sandbox lessons learned report, 2017, S. 11.

[22] FCA, Regulatory sandbox lessons learned report, 2017, S. 16.

[23] FCA, Regulatory sandbox lessons learned report, 2017, S. 17.

hatten aber Probleme, die anfänglichen Voraussetzungen für eine Erlaubnis zu erfüllen.[24]

4.1.4 Zwischenergebnis

Die vielen Jahre, die es Reallabore in Großbritannien bereits gibt, und die dort gewonnenen Erfahrungen zeigen den Nutzen von Reallaboren für den Finanzsektor. Dabei profitieren nicht nur die Unternehmen von der engen Zusammenarbeit mit der FCA, sondern auch umgekehrt ermöglicht der intensive Austausch der FCA tiefere Einblicke in und ein besseres Verständnis über das jeweilige Produkt beziehungsweise Geschäftsmodell. Beide Seiten erhalten mithin ein klares Bild über die anzuwendenden regulatorischen Anforderungen. Zudem trägt die enge Zusammenarbeit mit der Aufsicht dazu bei, dass die Unternehmen leichter Zugang zu Finanzmitteln und Investoren erhielten.

Gleichzeitig wird an dem Beispiel des britischen Konzepts eines Reallabors jedoch auch deutlich, dass es gerade für Startup-Unternehmen mit gewissen Herausforderungen verbunden ist, und es bereits im Finanzbereich etablierte Unternehmen erheblich einfacher haben, die Anforderungen für die Teilnahme in einem Reallabor zu erfüllen. Startup-Unternehmen profitieren hingegen deutlich, wenn sie sich zu diesem Zwecke mit größeren bereits etablierten Unternehmen zusammenschließen.

4.2 Hongkong

Sowohl die *Hong Kong Monetary Authority* (*HKMA*), die Hongkonger Zentralbank, als auch die *Securities and Futures Commission* (*SFC*), die Hongkonger Wertpapieraufsichtsbehörde, ermöglichen im Rahmen ihrer Zuständigkeiten Reallabore zur Testung von FinTechs. Beide Reallabor-Modelle werden nachstehend kurz skizziert.

[24] FCA, Regulatory sandbox lessons learned report, 2017, S. 18.

4.2.1 SFC-Reallabor

Seit September 2017 können in Hongkong Innovationen im Zusammenhang mit von der SFC regulierten Tätigkeiten in Reallaboren getestet werden.[25]

4.2.1.1 Ziel

Das oberste Ziel bei der Nutzung von Reallaboren ist die Sicherung der Marktintegrität und ein verbesserter Anlegerschutz. Unternehmen können in geschützten Räumen die Zuverlässigkeit neuer Technologien sowie die damit verbundenen internen Kontrollsysteme testen und beobachten.[26] Hierdurch sollen etwaige mit den Innovationen verbundene Risiken in einem sehr frühen Stadium besser erkannt und entschärft werden, bevor sie auf den gesamten Markt gelangen.[27]

4.2.1.2 Zulassungsvoraussetzungen

Zugang zu dem Reallabor haben sowohl Unternehmen, die bereits unter der Aufsicht der SFC stehen, als auch unregulierte Startup-Unternehmen, die aufsichtsrechtlich relevante Tätigkeiten ausführen wollen.[28]

Die Bewerber für ein Reallabor müssen dabei zuverlässig sein, über die entsprechende fachliche Eignung verfügen sowie eine innovative Technologie im Zusammenhang mit einer aufsichtsrechtlich relevanten Tätigkeit verwenden; zudem muss durch die gegenständliche Innovation das Angebot und die Qualität von Produkten und Dienstleistungen für Kunden/Anleger sowie die Hongkonger Finanzdienstleistungsindustrie verbessert werden.[29]

Darüber hinaus muss der Bewerber für ein Reallabor über die entsprechende aufsichtliche Genehmigung verfügen; Startup-Unternehmen haben diese dementsprechend zu beantragen.[30] Das Reallabore-Regime der SFC sieht somit keine Möglichkeit vor, zumindest teilweise auf Zulassungsvoraussetzungen für eine

---

[25] SFC, Circular to announce the DFC Regulatory Sandbox, abrufbar unter: https://apps.sfc.hk/edistributionWeb/gateway/EN/circular/doc?refNo=17EC63 (letzter Abruf: 08.08.2025).

[26] SFC, Circular to announce the DFC Regulatory Sandbox, abrufbar unter: https://apps.sfc.hk/edistributionWeb/gateway/EN/circular/doc?refNo=17EC63 (letzter Abruf: 08.08.2025).

[27] SFC Regulatory Sandbox, abrufbar unter: https://www.sfc.hk/en/Welcome-to-the-Fintech-Contact-Point/SFC-Regulatory-Sandbox (letzter Abruf: 08.08.2025).

[28] SFC, Circular to announce the DFC Regulatory Sandbox, abrufbar unter: https://apps.sfc.hk/edistributionWeb/gateway/EN/circular/doc?refNo=17EC63 (letzter Abruf: 08.08.2025).

[29] SFC Regulatory Sandbox, abrufbar unter: https://www.sfc.hk/en/Welcome-to-the-Fintech-Contact-Point/SFC-Regulatory-Sandbox (letzter Abruf: 08.08.2025).

[30] SFC, Circular to announce the DFC Regulatory Sandbox, abrufbar unter: https://apps.sfc.hk/edistributionWeb/gateway/EN/circular/doc?refNo=17EC63 (letzter Abruf: 08.08.2025).

genehmigungspflichtige Tätigkeit verzichten zu können. Insoweit schafft das SFC-Reallabor keine aufsichtsrechtlichen Erleichterungen. Das Gegenteil ist sogar der Fall. Die SFC kann dem Teilnehmer eines Reallabors zusätzliche aufsichtliche Pflichten auferlegen, wie zum Beispiel die Begrenzung des Kundenkreises oder die Einführung von Ausgleichsregelungen.[31]

Schließlich müssen die Bewerber eines Reallabors angemessene Maßnahmen zum Anlegerschutz vorhalten, um möglichen Risiken zu begegnen. So müssen die Bewerber beispielsweise die Kunden/Anleger darüber informieren, dass sie vorliegend innerhalb eines Reallabors agieren.[32]

4.2.1.3 Engere Überwachung durch die SFC

Bei der Erprobung von Innovationen im Rahmen des Reallabors hat die SFC auch die Möglichkeit, das jeweilige Unternehmen engmaschiger zu beobachten. Sie können dabei in einen intensiveren Austausch mit den Unternehmen treten und auf Verbesserungsmöglichkeiten mit Blick auf interne Kontrollverfahren und das Risikomanagement hinweisen.[33]

4.2.1.4 Abschluss des Reallabors

Hat das Unternehmen im Rahmen des Reallabors gezeigt, dass die Innovation zuverlässig funktioniert, den angegebenen Zwecken dient und die identifizierten Risiken angemessen angegangen wurden, kann es beantragen, dass die zusätzlich aufgelegten Pflichten aufgehoben oder angepasst werden.[34]

4.2.2 HKMA-Reallabor[35]

Bereits im September 2016, also genau ein Jahr vor der SFC, ermöglichte die HKMA erstmals die Nutzung von Reallaboren.

---

[31] SFC, Circular to announce the DFC Regulatory Sandbox, abrufbar unter: https://apps.sfc.hk/edistributionWeb/gateway/EN/circular/doc?refNo=17EC63 (letzter Abruf: 08.08.2025).

[32] SFC, Circular to announce the DFC Regulatory Sandbox, abrufbar unter: https://apps.sfc.hk/edistributionWeb/gateway/EN/circular/doc?refNo=17EC63 (letzter Abruf: 08.08.2025).

[33] SFC, Circular to announce the DFC Regulatory Sandbox, abrufbar unter: https://apps.sfc.hk/edistributionWeb/gateway/EN/circular/doc?refNo=17EC63 (letzter Abruf: 08.08.2025).

[34] SFC, Circular to announce the DFC Regulatory Sandbox, abrufbar unter: https://apps.sfc.hk/edistributionWeb/gateway/EN/circular/doc?refNo=17EC63 (letzter Abruf: 08.08.2025).

[35] Zum Reallabor der HKMA siehe: HKMA, Fintech Supervisory Sandbox (FSS), abrufbar unter: https://www.hkma.gov.hk/eng/key-functions/international-financial-centre/fintech/fintech-supervisory-sandbox-fss/ (letzter Abruf: 08.08.2025).

4.2.2.1 Ziel

Ziel des Reallabors ist die Innovationsförderung; Banken und die mit ihnen kooperierenden Technologieunternehmen können, ohne vollständig die aufsichtsrechtlichen Vorgaben zu erfüllen, im Rahmen des Reallabors Daten sammeln und Verbrauchertests durchführen, um ihre Innovationen zu verbessern. Keinesfalls darf das Reallabor zur Umgehung aufsichtsrechtlicher Vorschriften genutzt werden.

4.2.2.2 Grundlagen für die Durchführung eines Reallabors

Banken, die ein Reallabor nutzen wollen, müssen den Umfang der Testung, die einzelnen Phasen, die zeitliche Dauer sowie die Kündigungsmöglichkeiten klar definieren. Darüber hinaus müssen geeignete Maßnahmen zum Verbraucherschutz während der Testung vorgesehen sein; hierunter fallen insbesondere die Auswahl der Kunden/Anleger mit Blick auf ein ausreichendes Verständnis für die mit der Innovation verbundenen Risiken sowie die Freiwilligkeit der Teilnahme an der Testung. Des Weiteren sind weitere Kontrollen erforderlich, um die sich aus den abgesenkten aufsichtsrechtlichen Anforderungen ergebenden Risiken abdecken zu können. Ferner müssen mit Beginn der Testung sämtliche davon betroffenen Systeme und Prozessabläufe bereit sein und engmaschig beobachtet werden.

Die HKMA verfügt über keine abschließende Liste der möglichen Abweichungen von gesetzlichen Anforderungen für die Teilnehmer an einem Reallabor. Diese werden individuell mit den einzelnen Teilnehmern besprochen und festgelegt.

4.2.2.3 Verbesserungen des Reallabors

Schon 2017 wurden die Regelungen zu Reallaboren überarbeitet. So gibt es seitdem einen sog. *Fintech Supervisory Chatroom.* Dies ermöglicht es den Teilnehmern, direkt und unkompliziert auch in einer frühen Phase in den Austausch mit der HKMA zu treten. Im Falle von Technologieunternehmen ist der Chatroom auch eine Möglichkeit, sich mit der HKMA auszutauschen, ohne über die Bank gehen zu müssen.

Zudem haben die Hongkonger Aufsichtsbehörden, die Reallabore ermöglichen, eine zentrale Anlaufstelle geschaffen, sodass im Falle von sektorenübergreifenden Innovationen alle Aufsichtsbehörden entsprechend eingebunden werden. Zuständig ist in solch einem sektorenübergreifenden Fall jene Aufsichtsbehörde, die den größten Bezug zu der Innovation aufweist.

In 2021 wurden schließlich noch Erleichterungen zur Gewährung finanzieller Unterstützungen für Technologieunternehmen geschaffen.

4.2.2.4 Bestandsaufnahme der HKMA

Bis Mitte 2025 wurden insgesamt 373 HKMA-Reallabore durchgeführt, wobei davon in 260 Fällen Banken mit Technologieunternehmen kooperierten. Die Teilnehmer konnten dabei Echtzeitdaten sammeln sowie Feedback von den Kunden/Anlegern der getesteten Produkte oder Dienstleistungen erhalten. Dies ermöglichte ihnen noch vor der vollständigen Produkteinführung auf dem Markt, Korrekturen bei ihren Innovationen vorzunehmen.

4.2.3 Zwischenergebnis

Beiden Reallabor-Konzepten gemein ist die Förderung von Innovationen. Der Aspekt des regulatorischen Lernens durch die Aufseher oder den Gesetzgeber spielt in diesem Kontext bei beiden Modellen keine Rolle.

Beim SFC-Reallabor liegt der Fokus auf der Einhaltung der aufsichtsrechtlichen Vorgaben, um mehr Rechtssicherheit für das teilnehmende Unternehmen zu schaffen. Dabei steht nicht so sehr ein kollaborativer Ansatz im Vordergrund, vielmehr wird an dem klassischen Subordinationsverhältnis im Öffentlichen Recht festgehalten. Das HKMA-Reallabor auf der anderen Seite möchte den teilnehmenden Unternehmen die Möglichkeit bieten, etwaige Unzulänglichkeiten der Innovation in einem geschützten Testumfeld vor der endgültigen Produkteinführung ausbessern zu können. Die HKMA steht dabei auch in beratender Funktion zur Verfügung und verfolgt damit auch einen kollaborativen Ansatz.

Der entscheidende Unterschied zwischen beiden Konzepten liegt jedoch darin, dass es beim SFC-Reallabor keine Möglichkeit gibt, von aufsichtsrechtlichen Vorgaben abweichen oder verzichten zu können. Beim HKMA-Reallabor ist dies hingegen möglich. Der Anreiz zur Teilnahme an einem Reallabor ist bei der SFC folglich sehr gering. Es verwundert daher nicht, dass die SFC selbst davon ausgeht, dass eine überwältigende Mehrheit an Unternehmen, die FinTechs verwenden, das normale Genehmigungsverfahren durchlaufen, ohne ein Reallabor zu nutzen.[36]

[36] SFC, Circular to announce the DFC Regulatory Sandbox, abrufbar unter: https://apps.sfc.hk/edistributionWeb/gateway/EN/circular/doc?refNo=17EC63 (letzter Abruf: 08.08.2025).

4.3 Europäische Union

Auch auf europäischer Ebene beschäftigen sich diverse Institutionen im Rahmen der Innovationsförderung mit dem Thema Reallabore.

4.3.1 Entwicklungen

Im März 2018 kündigte die EU-Kommission in ihrem Aktionsplan für einen wettbewerbsfähigeren und innovativeren EU-Finanzsektor an, auf Grundlagen von Leitlinien der Europäischen Aufsichtsbehörden (*ESAs*) ein Konzept mit empfehlenswerten Praktiken zu Reallaboren vorzulegen.[37] Der damalige Vizepräsident und EU-Kommissar für Finanzstabilität, Finanzdienstleistungen und die Kapitalmarktunion hob seinerzeit in diesem Zusammenhang unter anderem die Notwendigkeit hervor, innovativen Unternehmen in Europa Raum für Experimente zu geben.[38] Auch der Rat der Europäischen Union betonte in seinen Schlussfolgerungen zu Reallaboren und Experimentierklauseln vom November 2020 die Möglichkeiten zur Weiterentwicklung der Regulierung durch proaktives regulatorisches Lernen sowie für Innovation und Wachstum.[39]

4.3.1.1 ESAs Bericht

Der im Januar 2019 veröffentlichte Bericht der ESAs enthält eine vergleichende Analyse der seinerzeit in der EU vorhandenen innovationfördernden Maßnahmen wie Innovationszentren oder Reallabore sowie eine Darstellung bewährter Verfahren für die Gestaltung und den Betrieb dieser Maßnahmen. Ziel war es, diesbezüglich innerhalb der EU einen einheitlichen Rahmen zu schaffen und einheitliche Wettbewerbsbedingungen zu gewährleisten.[40] In seinen Schlussfolgerungen verweist der Bericht der ESAs schließlich auf die Notwendigkeit, einen intensiveren Dialog zwischen den europäischen Aufsichtsbehörden über innovationsbezogene Themen zu fördern.[41]

[37] EU-Kommission, FinTech-Aktionsplan, COM(2018) 109 final, Ziffer 1.3.

[38] EU-Kommission, Pressemitteilung vom 08.03.2018, abrufbar unter: https://ec.europa.eu/commission/presscorner/detail/de/IP_18_1403 (letzter Abruf: 27.03.2025).

[39] Rat der Europäischen Union, Schlussfolgerungen zu Reallaboren und Experimentierklauseln, S. 10.

[40] Siehe hierzu insgesamt: ESAs Joint Report: FinTech: Regulatory sandboxes and innovation hubs.

[41] ESAs Joint report: FinTech: Regulatory sandboxes and innovation hubs, S. 38.

4.3.1.2 Europäische Forum für innovationsfördernde Maßnahmen

Im April 2019 wurde daraufhin das Europäische Forum für innovationsfördernde Maßnahmen (*European Forum for Innovation Facilitators – EFIF*) gegründet; es bietet den europäischen Aufsichtsbehörden eine Plattform zum Austausch über Themen wie Erfahrungen bei der Zusammenarbeit mit Unternehmen im Hinblick auf innovationsfördernde Maßnahmen (wie Reallabore oder Innovationszentren), technologisches Fachwissen oder die regulatorische Behandlung innovativer Produkte, Dienstleistungen und Geschäftsmodelle.[42]

4.3.1.3 Empfehlungen an die EU-Kommission

Anknüpfend an den Bericht der ESAs überprüfte sodann eine von der EU-Kommission beauftragte Expertengruppe auf europäischer Ebene[43] die Eignung des regulatorischen Rahmens für FinTechs und inwieweit dieser Finanzinnovationen behindert. Darauf aufbauend erstellte die Expertengruppe 30 Empfehlungen. Inhaltlicher Schwerpunkt dieser Empfehlungen ist zum einen die Notwendigkeit zur Anpassung der Regulierung, vor allem aufgrund des Einsatzes von KI und der DLT, zum anderen aber auch die Beseitigung regulatorischer Fragmentierung und die Sicherstellung gleicher Wettbewerbsbedingungen zwischen bereits etablierten Unternehmen und Startup-Unternehmen in der gesamten EU. Diese Erkenntnisse und Empfehlungen wurden im Dezember 2019 in einem Bericht veröffentlicht.[44] Die Empfehlungen zur Beseitigung regulatorischer Fragmentierung enthalten unter anderem auch eine weitergehende Bewertung der Notwendigkeit, ein Reallabor auf europäischer Ebene einzurichten. Hierbei solle auch auf die Erfahrungen des EFIF zurückgegriffen werden.[45] Um europaweit gleiche Wettbewerbsbedingungen für die Einrichtung und Nutzung von Reallaboren zu gewährleisten, sollte das Konzept von Reallaboren auf Grundlage der im Bericht der ESAs dargelegten bewährten Praktiken zu Reallaboren weiter harmonisiert werden, sodass alle nationalen Aufsichtsbehörden die gleichen Grundsätze und Standards anwenden. Hierdurch wären somit gleiche Wettbewerbsbedingungen

---

[42] Expert Group on Regulatory Obstacles to Financial Innovation, S. 70; European Forum for Innovation Facilitators, abrufbar unter: https://digital-finance-platform.ec.europa.eu/cross-border-services/facilitators (letzter Abruf: 27.03.2025).

[43] Die Expertengruppe setzte sich aus Vertretern von Wissenschaft und Praxis zusammen. Vertreter der ESAs nahmen als Beobachter teil.

[44] Siehe hierzu insgesamt: Expert Group on Regulatory Obstacles to Financial Innovation.

[45] Expert Group on Regulatory Obstacles to Financial Innovation, S. 69.

für den Zugang zu Reallaboren geschaffen und grenzüberschreitende Tätigkeiten erleichtert.[46]

4.3.1.4 Neue europäische Innovationsagenda

Im Juli 2022 präsentierte die EU-Kommission ihre neue europäische Innovationsagenda. Ziel der Agenda ist die Förderung von technologieintensiven Innovationen, wie der KI. Sie soll dazu beitragen, Europa zu einem der führenden Akteure in der globalen Innovationslandschaft zu machen.[47]

Kernbestandteil der neuen europäischen Innovationsagenda sind insgesamt fünf Leitinitiativen. Eine dieser Leitinitiativen beschäftigt sich mit der Ermöglichung von Innovationen durch Experimentierräume und die Vergabe öffentlicher Aufträge. Mit dieser Leitinitiative sollen verbesserte Rahmenbedingungen, einschließlich experimenteller Regulierungsansätze (zum Beispiel Reallabore), geschaffen werden, die Innovationen erleichtern.[48]

So veröffentlichte die EU-Kommission im Juli 2023 bereits einen Leitfaden für Reallabore, der einen Überblick über die wichtigsten bestehenden Experimentierklauseln und Reallabore auf EU-Ebene enthält. Demnach existieren Reallabore bereits in den Bereichen Digitalisierung, Finanzdienstleistungen, Verkehr, Energie sowie Gesundheit und Lebensmittelsicherheit.[49]

Darüber hinaus gibt es diverse Arbeitsprogramme, die sich damit beschäftigen, Bereiche zu identifizieren, in denen sich der Einsatz von Reallaboren lohnen würde, unter anderem auch im Bereich der öffentlichen Verwaltung.[50]

---

[46] Expert Group on Regulatory Obstacles to Financial Innovation, S. 70.

[47] New European Innovation Agenda, abrufbar unter: https://research-and-innovation.ec.europa.eu/strategy/support-policy-making/shaping-eu-research-and-innovation-policy/new-european-innovation-agenda_en (letzter Abruf: 27.03.2025).

[48] New European Innovation Agenda, abrufbar unter: https://research-and-innovation.ec.europa.eu/strategy/support-policy-making/shaping-eu-research-and-innovation-policy/new-european-innovation-agenda_en (letzter Abruf: 27.03.2025).

[49] European Innovation Agenda, Flagship 2, abrufbar unter: https://research-and-innovation.ec.europa.eu/strategy/support-policy-making/shaping-eu-research-and-innovation-policy/new-european-innovation-agenda/new-european-innovation-agenda-roadmap/flagship-2-enabling-deep-tech-innovation-through-experimentation-spaces-and-public-procurement_en (letzter Abruf: 27.03.2025).

[50] European Innovation Agenda, Flagship 2, abrufbar unter: https://research-and-innovation.ec.europa.eu/strategy/support-policy-making/shaping-eu-research-and-innovation-policy/new-european-innovation-agenda/new-european-innovation-agenda-roadmap/flagship-2-enabling-deep-tech-innovation-through-experimentation-spaces-and-public-procurement_en (letzter Abruf: 27.03.2025).

4.3.1.5 Zwischenergebnis

Die jüngsten Projekte auf europäischer Ebene zeigen, dass die Regulierung von Finanzinnovationen ein prominentes Thema ist. Regelmäßig spielt in diesem Kontext auch die Möglichkeit von Reallaboren eine Rolle, denen eine große Bedeutung für die Entwicklung der Finanzmärkte beigemessen wird. Dabei liegt das Hauptaugenmerk auf einer Intensivierung der Zusammenarbeit zwischen den nationalen Aufsichtsbehörden sowie der Schaffung harmonisierter Regelungen für die Errichtung und Nutzung von Reallaboren innerhalb der EU, sodass gleiche Wettbewerbsbedingungen bestehen und grenzüberschreitende Tätigkeiten erleichtert werden.

4.3.2 Reallabore auf EU-Ebene

Das Engagement der Europäischen Institutionen für Reallabore und der damit verbundene Stellenwert, der ihnen im Rahmen der Innovationsförderung beigemessen wird, spiegelt sich auch in Regelungen zur Schaffung von Reallaboren auf europäischer Ebene wider.

Vor dem Hintergrund einer europäischen Kapitalmarktunion ist an dieser Stelle zu berücksichtigen, dass zum Zwecke der Harmonisierung mittlerweile viele Regulierungsimpulse in Bezug auf Finanzinnovationen und den damit verbundenen Risiken von europäischer Ebene kommen und mithin Schritt für Schritt nationale Regelungen ablösen. Zu nennen sind als aktuelle Beispiele hier insbesondere die Verordnung (EU) Nr. 2022/2554 über die digitale operationale Resilienz im Finanzsektor (*DORA*), die für sämtliche beaufsichtigten Unternehmen des europäischen Finanzsektors Anforderungen mit Blick auf Cybersicherheit, IKT-Risiken und digitale operationale Resilienz regelt, oder die Verordnung (EU) Nr. 2023/1114 über Kryptowerte (*MICA-VO*), die einen EU-weit harmonisierten Regulierungsrahmen für Kryptowerte schafft. Dabei betrifft die Regulierung des Finanzmarktes durch den europäischen Gesetzgeber auch Aktivitäten, die sektorenübergreifend vorkommen, und damit unabhängig von dem jeweiligen Aufsichtsbereich Anwendung finden. So gelten die Anforderungen nach der DORA beispielsweise grundsätzlich für Kreditinstitute und Kapitalverwaltungsgesellschaften gleichermaßen. Im Geiste der Kapitalmarktunion zeichnet sich folglich eine Verschiebung von einer nationalen Regulierung des Finanzmarktes zu einer einheitlichen europäischen Regulierung ab. Entsprechende Regelungen zu Reallaboren auf europäischer Ebene sind daher nur konsequent,

4.3.2.1 Beispiele

Im Folgenden werden ein paar der auf europäischer Ebene geschaffenen Reallabore vorgestellt.

4.3.2.1.1 DLT-Pilotregime-Verordnung

Die Verordnung (EU) Nr. 2022/858 (*DLT-VO*) ermöglicht nationalen Aufsichtsbehörden, Betreibern von Handelsplätzen sowie Wertpapierliefer- und Abrechnungssystemen Ausnahmen von europarechtlichen Kapitalmarktbestimmungen zu gewähren.

4.3.2.1.1.1 Hintergrund

Ziel der DLT-VO ist die Anpassung der europäischen Regelungen zu Marktinfrastrukturen an die DLT. Die aktuellen europäischen Regelungen schließen den Einsatz von DLT bei der Emission, dem Handel oder der Abwicklung von als Finanzinstrumente geltenden Kryptowerten potentiell aus beziehungsweise beschränken diese.[51] Neben den Vorteilen beim Einsatz von DLT, wie höherer Effizienz und Transparenz sowie einem verstärkten Wettbewerb, bestehen jedoch aufgrund der Besonderheiten der DLT gleichwohl aufsichtsrechtliche Lücken – etwa aufgrund fehlender Transparenz-, Zuverlässigkeits- und Sicherheitsanforderungen für die Protokolle – sowie möglicherweise auch neuartige Risiken.[52] Die Erfahrungen mit dieser Technologie im Handel sind sehr gering. Die Errichtung eines Reallabors für DLT soll es daher ermöglichen, einerseits die Marktinfrastrukturen für als Finanzinstrumente geltende Kryptowerte zu fördern und andererseits den Aufsichtsbehörden Erfahrungen und Wissen über neue Produkte und Dienstleistungen zu verschaffen, sodass diese Vorschläge für geeignete Rechtsrahmen entwickeln können, die insbesondere aufsichtsrechtliche Lücken schließen und neue Risiken adäquat adressieren.[53]

4.3.2.1.1.2 Funktionsweise

Durch die DLT-VO besteht für Betreiber von DLT-Marktinfrastrukturen die Möglichkeit, sich auf Antrag bei der jeweils zuständigen nationalen Aufsichtsbehörde von bestimmten Anforderungen, die sich aus der zweiten Finanzmarktrichtlinie

[51] Erwägungsgrund Nr. 4 DLT-VO.

[52] Erwägungsgrund Nr. 5 DLT-VO.

[53] Erwägungsgrund Nr. 6 DLT-VO.

(*MiFID II*),[54] der Finanzmarktverordnung (*MiFIR*)[55] oder der Zentralverwahrerverordnung (*CSDR*)[56] ergeben, befreien zu lassen.[57]

4.3.2.1.1.2.1 Anwendungsbereich

Die Verordnung umfasst Bestimmungen zur Ausgestaltung, Erteilung, Änderung und Entzug von Genehmigungen für den Betrieb von DLT-Marktinfrastrukturen sowie für die Beaufsichtigung.[58] Zentraler Begriff der DLT-VO ist die DLT-Marktinfrastruktur. Hierunter fallen gemäß Art. 2 Nr. 5 DLT-VO multilaterale DLT-Handelssysteme, DLT-Abwicklungssysteme sowie eine Kombination aus beiden. Nach Art. 2 Nr. 6 und 7 DLT-VO dürfen diese ausschließlich DLT-Finanzinstrumente beinhalten. Bei DLT-Finanzinstrumenten wiederum handelt es sich um durch MiFID II regulierte Kryptowerte.[59] Die einzelnen DLT-Finanzinstrumente innerhalb einer DLT-Marktinfrastruktur sowie deren Gesamtheit dürfen dabei die in Art. 3 DLT-VO jeweils definierten Höchstbeträge nicht überschreiten.

Als Betreiber solcher DLT-Marktinfrastrukturen, und mithin potentielle Antragssteller einer Genehmigung nach der DLT-VO, kommen nicht nur bereits etablierte Unternehmen, sondern auch neue Marktteilnehmer, insbesondere Startup-Unternehmen, in Betracht; verfügt ein Unternehmen nicht über eine entsprechende Zulassung nach der MiFID II oder der CSDR, könnte es neben dieser gleichzeitig auch die besondere Genehmigung nach der DLT-VO beantragen, sodass nicht alle Voraussetzungen für eine Zulassung nach der MiFID II oder der CSDR erfüllt sein müssen.[60]

4.3.2.1.1.2.2 Zusätzliche Anforderungen an DLT-Marktinfrastrukturen

Neben den Einschränkungen des Anwendungsbereichs müssen für eine Genehmigung nach der DLT-VO im Sinne des Anlegerschutzes weitere Voraussetzungen erfüllt sein. Hierunter fallen einerseits klare und detaillierte Geschäftspläne, aus denen hervorgeht, wie die Dienstleistungen erbracht werden, die Dokumentation

---

[54] Richtlinie 2014/65/EU.

[55] Verordnung (EU) Nr. 600/2014.

[56] Verordnung (EU) Nr. 909/2014.

[57] Siehe Artt. 4 bis 6 DLT-VO.

[58] Siehe Art. 1 DLT-VO.

[59] Vgl. Art. 2 Nr. 11 und 12 DLT-VO.

[60] Vgl. Erwägungsgrund Nr. 11 DLT-VO sowie Artt. 8 bis 10 DLT-VO.

von Regelungen über die Funktion der DLT und die Abwicklung der Marktinfrastruktur[61], aber auch die Einhaltung von Offenlegungspflichten auf der Internetseite des Betreibers[62] sowie Meldepflichten gegenüber der zuständigen Aufsichtsbehörde.[63]

4.3.2.1.1.2.3 Gültigkeit der Genehmigung

Die Genehmigung für eine DLT-Marktinfrastruktur nach der DLT-VO kann für einen Zeitraum von bis zu sechs Jahren genehmigt werden, jedoch maximal solange die Pilotregelung gültig ist.[64]

4.3.2.1.1.3 Reallaboreigenschaften

Die Regelungen der DLT-VO haben viele Gemeinsamkeiten mit anderen Reallaborkonzepten, weisen jedoch auch einige Unterschiede auf, wie zum Beispiel zu den Regulierungsansätzen in Großbritannien.

Die Ratio hinter der Ermöglichung von Reallaboren durch die DLT-VO ist, wie bei anderen Reallaborkonzepten im Allgemeinen, zum einen die Förderung und Weiterentwicklung einer bestimmten Technologie, hier der DLT-Marktinfrastruktur, und zum anderen, die Vertiefung der Kenntnisse und ein besseres Verständnis in Bezug auf die jeweilige Technologie, um dadurch adäquate rechtliche Rahmenbedingungen schaffen zu können.

Ebenso gemein ist dem Reallabor unter der DLT-VO mit anderen Reallaboren, dass ein Erprobungsraum geschaffen wird, in dem der Teilnehmer für einen befristeten Zeitraum unter Befreiung von bestimmten Zulassungsvoraussetzungen neue Technologien austesten kann und dieser Raum durch zahlreiche Schutzvorschriften im Sinne der Anleger und der Stabilität des Finanzmarktes abgesichert ist.[65]

Während Reallaborkonzepte wie jenes in Großbritannien einen kollaborativen Ansatz in der Zusammenarbeit zwischen den teilnehmenden Unternehmen und der jeweiligen Aufsichtsbehörde verfolgen, liegt der DLT-VO ein behördenzentrierter Ansatz zugrunde, der einen stärkeren Fokus auf die Rechtssetzung und

---

[61] Siehe Art. 7 Abs. 1, 2 und 7 DLT-VO.

[62] Siehe Art. 7 Abs. 3 DLT-VO.

[63] Siehe Art. 3 Abs. 5 sowie Art. 11 Abs. 1 und 2 DLT-VO.

[64] Vgl. Erwägungsgrund Nr. 48 DLT-VO sowie Art. 8 Abs. 11, Art. 9 Abs. 11 und Art. 10 Abs. 11 DLT-VO.

[65] Ausnahmen von Zulassungsvoraussetzungen sind bei einem Reallabor nicht zwingender Bestandteil, wenngleich aber weitverbreitet. Das britische Reallaborkonzept sieht solche Ausnahmen beispielsweise nicht vor.

–anpassung legt.[66] Zwar findet auch nach der DLT-VO eine Kommunikation zwischen Teilnehmern und Aufsichtsbehörde statt, während die Teilnehmer jedoch umfangreichen Berichtspflichten gegenüber den Aufsichtsbehörden nachkommen müssen, nutzen Letztere jene Informationen zur Beaufsichtigung des Reallabors und ergreifen gegebenenfalls Abhilfemaßnahmen. Es gibt weder eine individuelle Betreuung durch einen zugeordneten Sachbearbeiter, der dem Teilnehmer während des kompletten Reallaborprozesses bis hin zur potentiellen Marktreife unterstützend zur Seite steht, noch eigens auf den Teilnehmer abgestimmte Maßnahmen.[67] Dies mag darauf zurückzuführen sein, dass die Teilnehmerzahl beim Reallabor nach der DLT-VO, anders als bei dem Reallabor nach britischem Beispiel, nicht begrenzt ist, sodass lediglich ein standardisiertes Verfahren praktikabel erscheint.[68]

4.3.2.1.2 EU-Blockchain Reallabor

Das EU-Blockchain Reallabor ist eine Initiative der EU-Kommission und dient dazu, den grenzüberschreitenden Dialog mit und zwischen Regulierungs- und Aufsichtsbehörden auf der einen Seite und Unternehmen oder Behörden auf der anderen Seite zu erleichtern. In diesen Dialogen können Unternehmen ihre Produkte oder Modelle präsentieren, um rechtliche Beratung von den Aufsichtsbehörden zu erhalten. Umgekehrt können die Behörden durch den Austausch mit den Unternehmen ihr Wissen über Spitzentechnologien mit DLT erweitern. Das Reallabor läuft von 2023 bis 2026 und unterstützt jährlich 20 Projekte. Die Projekte werden im Rahmen von Aufrufen zur Interessenbekundung ausgewählt.[69] In einem sicheren und vertraulichen Umfeld werden Rechtsberatung und regulatorische Orientierungshilfen angeboten. Die Dialoge werden branchen- und regionenübergreifend geführt und sollen dazu beitragen, bewährte Verfahren zu ermitteln und zu etablieren.[70]

Auch, wenn das EU-Blockchain Reallabor von den Zielen her einem Reallabor im klassischen Sinn entspricht, hat es weitaus mehr Ähnlichkeiten mit

---

[66] *Romba/Oppenheim/Pfaf*, RDi 2023, S. 145 (150 f.).

[67] *Roth*, ZBB/JBB 2022, S. 364 (375); *Spindler/Büning*, JZ 2023, S. 799 (804).

[68] *Spindler/Büning*, JZ 2023, S. 799 (804).

[69] EU-Kommission, Start des EU-Blockchain Reallabors, Pressemitteilung vom 14.02.2023, abrufbar unter folgendem Link: https://digital-strategy.ec.europa.eu/en/news/launch-european-blockchain-regulatory-sandbox (letzter Abruf: 26.03.2025).

[70] European Blockchain Sandbox, abrufbar unter: //ec.europa.eu/digital-building-blocks/sites/display/EBSI/Sandbox + Project (letzter Abruf: 27.03.2025).

einem Innovationszentrum, bei dem der Dialog im Vordergrund steht, und Aufsichtsbehörden nicht mit Maßnahmen eingreifen.[71]

4.3.2.1.3 KI-Verordnung

Die Verordnung (EU) Nr. 2024/1689 über KI (*KI-VO*) ist weltweit das erste umfassende Regelwerk für KI; Ziel der KI-VO ist es, durch harmonisierte Vorschriften ein europaweit einheitlich hohes Schutzniveau herzustellen, das auch dem Schutz von Einzelpersonen dient, um eine vertrauenswürdige, sichere KI zu erreichen und auf diese Weise den Binnenmarkt sowie Innovationen in der EU zu fördern.[72]

Die KI-VO verfolgt dabei einen risikobasierten Ansatz, nach dem die KI-Technologien in unterschiedliche Risikokategorien eingeteilt werden; während KI-Systeme mit einem inakzeptablen Risiko komplett verboten werden und Hochrisiko-KI-Systeme besondere Anforderungen erfüllen müssen, unterliegen KI-Systeme mit einem geringen Risiko nur bestimmten Transparenzpflichten.[73]

4.3.2.1.3.1 Funktionsweise

Um Innovationen effektiv zu fördern, sieht Art. 57 KI-VO die Möglichkeit vor, dass Unternehmen KI-Systeme in einem Reallabor testen können. Jeder Mitgliedsstaat der EU muss mindestens ein Reallabor auf nationaler Ebene einrichten oder einem Reallabor eines anderen Mitgliedsstaates der EU beitreten.

Gemäß Art. 57 Abs. 5 KI-VO können teilnehmende Unternehmen während der Entwicklungsphase und vor der Marktplatzierung oder Inbetriebnahme KI-Systeme in einer kontrollierten Umgebung mit Unterstützung der Aufsichtsbehörden für einen begrenzten Zeitraum erproben; die nationalen Aufsichtsbehörden können dabei auch innerhalb des beaufsichtigten Reallabors Tests unter realen Bedingungen zulassen.

Genehmigen die nationalen Aufsichtsbehörden Tests unter realen Bedingungen, die im Rahmen eines KI-Reallabors überwacht werden, so vereinbaren sie

---

[71] Vgl. EU-Kommission, Start des EU-Blockchain Reallabors, Pressemitteilung vom 14.02.2023, abrufbar unter folgendem Link: https://digital-strategy.ec.europa.eu/en/news/launch-european-blockchain-regulatory-sandbox (letzter Abruf: 26.03.2025); *Spindler/Büning*, JZ 2023, S. 799 (805).

[72] Erwägungsgrund Nr. 3 KI-VO; vgl. auch BMWi und Bundesministerium der Justiz, Rahmen für Künstliche Intelligenz in der EU steht: KI-VO einstimmig gebilligt, gemeinsame Pressemitteilung vom 02.02.2024, abrufbar unter: https://www.bmwk.de/Redaktion/DE/Pressemitteilungen/2024/02/20240202-rahmen-fur-kunstliche-intelligenz-in-der-eu-steht-ki-verordnung-einstimmig-gebilligt.html (letzter Abruf: 25.03.2025).

[73] Vgl. Erwägungsgrund Nr. 26 KI-VO sowie Art. 1 Abs. 2 lit. b – d KI-VO.

mit dem teilnehmenden Unternehmen ausdrücklich die Bedingungen für solche Tests und insbesondere die geeigneten Schutzmaßnahmen zum Schutz der Grundrechte, der Gesundheit und der Sicherheit; dabei arbeiten sie gegebenenfalls mit anderen Aufsichtsbehörden zusammen, um eine einheitliche Vorgehensweise in der EU zu gewährleisten.[74]

4.3.2.1.3.1.1 Legaldefinition

Art. 3 Abs. 1 Nr. 55 KI-VO enthält eine Legaldefinition für den Begriff „KI-Reallabor". Demnach ist ein KI-Reallabor ein von der jeweiligen Aufsichtsbehörde geschaffener kontrollierter Rahmen, den Anbieter oder potenzielle Anbieter von KI-Systemen nutzen können, um ein innovatives KI-System gemäß eines Reallaborplans für einen begrenzten Zeitraum unter behördlicher Aufsicht zu entwickeln, zu trainieren, zu validieren und zu testen; dies gegebenenfalls auch unter realen Bedingungen. Was genau ein „Test unter realen Bedingungen" bedeutet, wird in Art. 3 Abs. 1 Nr. 57 KI-VO näher ausgeführt. Demnach meint ein Test unter realen Bedingungen den zeitlich befristeten Test eines KI-Systems für den vorgesehenen Zweck unter realen Bedingungen außerhalb eines Labors oder einer anderweitig simulierten Umgebung, um zuverlässige und belastbare Daten zu sammeln und die Konformität des KI-Systems mit den Anforderungen der KI-VO zu bewerten und zu überprüfen; die Prüfung unter realen Bedingungen gilt nicht als Inverkehrbringen oder Inbetriebnahme des KI-Systems im Sinne der KI-VO, sofern das teilnehmende Unternehmen alle Anforderungen im Zusammenhang mit dem KI-Reallabor nach der KI-VO erfüllt.

4.3.2.1.3.1.2 Datenschutz

Für die Entwicklung von KI ist die Nutzung von großen Datenmengen sehr wichtig. Die Datenschutzgrundverordnung (*DS-GVO*) sieht jedoch in Art. 5 Abs. 1 lit. b DS-GVO vor, dass Daten grundsätzlich nur für den Zweck genutzt werden dürfen, für den sie erhoben wurden (sog. Zweckbindungsgrundsatz). Art. 59 Abs. 1 KI-VO macht von dem Zweckbindungsgrundsatz insoweit eine Ausnahme, als dass rechtmäßig für andere Zwecke erhobene personenbezogene Daten zur Entwicklung, zum Training und zum Testen bestimmter KI-Systeme im Reallabor unter bestimmten Bedingungen verarbeitet werden dürfen, sodass für die Erprobung von Anwendungen mit KI ein vereinfachter Rückgriff auf personenbezogene Daten möglich ist. Voraussetzung ist hierbei jedoch, dass die jeweiligen

[74] Siehe Art. 58 Abs. 4 KI-VO.

KI-Systeme, die im Rahmen des Reallabors erprobt werden, einem erheblichen öffentlichen Interesse dienen.[75]

4.3.2.1.3.1.3 Durchführungsrechtsakte

Um eine Fragmentierung innerhalb der EU zu vermeiden, wird die EU-Kommission in Art. 58 Abs. 1 KI-VO damit beauftragt, die genauen Modalitäten für die Einrichtung, Entwicklung, Umsetzung, den Betrieb und die Überwachung von KI-Reallaboren in Durchführungsrechtsakten festzulegen. Dabei geht es insbesondere um einen fairen Zugang mit transparenten Kriterien, der breit und gleichberechtigt ausgestaltet ist und für kleine und mittlere Unternehmen sowie Startup-Unternehmen kostenlos ist. Darüber hinaus soll auch die Erreichung der Konformitätsbewertung erleichtert[76] sowie sichergestellt werden, dass die Prozesse einheitlich, befristet und effizient sind.[77]

4.3.2.1.3.2 Reallaboreigenschaften

Ziel eines Reallabors nach der KI-VO ist es vor allem, die Rechtssicherheit für die teilnehmenden Unternehmen zu stärken und dadurch die Einhaltung des geltenden Rechts auf europäischer und nationaler Ebene mit der Markteinführung sicherzustellen sowie eine Verbesserung des fachlichen Verständnisses für die Möglichkeiten und Risiken des jeweiligen KI-Systems auf Seiten der Aufsichtsbehörden, das wiederum auch zu einer verbesserten Ausgestaltung des rechtlichen Rahmenwerks beitragen kann, zu erreichen; schließlich soll das Reallabor den Marktzugang für KI-Systeme erleichtern, insbesondere für jene von kleinen und mittelständischen Unternehmen wie Startup-Unternehmen.[78] Insofern entspricht die Ratio der Schaffung von Reallaboren im Allgemeinen jener von anderen Reallaborkonzepten.

Auch das kollaborative Element, das klassischen Reallaborkonzepten gemein ist, findet sich zumindest im Ansatz bei den KI-Reallaboren wieder. Aufsichtsbehörden sollen innerhalb des KI-Reallabors den teilnehmenden Unternehmen Anleitungen geben und ihre Unterstützung anbieten; dies gilt sowohl in Bezug auf die Ermittlung etwaiger Risiken als auch für die Einhaltung der Vorschriften nach der KI-VO und den regulatorischen Erwartungen. Auf Verlangen des teilnehmenden Unternehmens hat die jeweilige Aufsichtsbehörde die erfolgreich

---

[75] Siehe hierzu Art. 59 Abs. 1 lit. a KI-VO.

[76] Gemäß KI-VO ist bei einem KI-System mit hohem Risiko Exante eine Konformitätsbewertung vorzunehmen, Art. 43 KI-VO.

[77] Zu den Durchführungsrechtsakten so auch *Spindler/Büning*, JZ 2023, S. 799 (806 f.).

[78] Vgl. Art. 57 Abs. 9 KI-VO sowie Erwägungsgrund Nr. 139 KI-VO.

durchgeführten Tätigkeiten im KI-Reallabor schriftlich zu bestätigen und einen Abschlussbericht zu übermitteln, der insbesondere die durchgeführten Tätigkeiten und die damit verbundenen Ergebnisse und Lernerfolge beschreibt.[79] Diese Art der „Zusammenarbeit" erweckt jedoch nicht den Eindruck, als würden im Rahmen des KI-Reallabors die Aufsichtsbehörde und das teilnehmende Unternehmen gleichermaßen einen Lernprozess durchlaufen und auf Augenhöhe agieren, so wie dies bei den Reallaboren nach britischem Vorbild der Fall ist. Zwar müssen sich Aufsichtsbehörde und teilnehmendes Unternehmen über einen Plan zur Testung eines KI-Systems im KI-Reallabor verständigt haben, die Anleitungen und die Unterstützung der Aufsichtsbehörde im Rahmen der Testphase dienen jedoch in erster Linie dazu, das KI-System auf seine Vereinbarkeit mit den Vorschriften der KI-VO bei einer späteren Markteinführung oder Inbetriebnahme zu überprüfen. Insoweit liegt der Fokus eher auf dem öffentlich-rechtlichen Subordinationsverhältnis zwischen Aufsichtsbehörde und teilnehmenden Unternehmen.

Ein weiteres typisches, wenngleich auch nicht zwingendes Merkmal für ein Reallaborkonzept, das die KI-Reallabore aufweisen, ist die Ausnahme von gesetzlichen Regelungen. Zum Zweck der Erprobung von KI-Systemen in einem KI-Reallabor kann eine Ausnahme vom in der DS-GVO niedergelegten Zweckbindungsgrundsatz gemacht werden, sodass ein vereinfachter Rückgriff auf personenbezogene Daten möglich ist.

4.3.2.2 Zwischenergebnis

Reallaboren wird auf europäischer Ebene im Allgemeinen ein großer Stellenwert zugeschrieben, da sie als wichtiger Bestandteil der Innovationsförderung betrachtet werden. Gerade im Hinblick auf den Aufbau einer europäischen Kapitalmarktunion und der Schaffung eines echten europäischen Binnenmarktes für Kapital ist es von essentieller Bedeutung, Marktfragmentationen weitestgehend zu vermeiden. Umso wichtiger ist die Schaffung von einheitlichen Regelungen auf europäischer Ebene; dies gilt umso mehr vor dem Hintergrund, dass die Finanzmarktregulierung in weiten Teilen auf europäischen Regelungen basiert, die nicht durch nationales Recht ausgehebelt werden können. Die Vorstöße des europäischen Gesetzgebers, auf europäischer Ebene einen Rechtsrahmen für Reallabore zu schaffen, ist somit durchaus folgerichtig.

Die zuvor dargestellten Konzepte auf europäischer Ebene verfolgen unterschiedliche Ansätze: Während das EU-Blockchain Reallabor eher Charakteristika

[79] Zu den Elementen der Zusammenarbeit siehe Art. 57 Abs. 7 KI-VO.

eines Innovationszentrums im Sinne einer Austauschplattform als eines Reallabors aufweist, entsprechen die Konzepte nach der DLT-VO und der KI-VO weitgehend den Kriterien eines Reallabors dem allgemeinen Verständnis nach. Ziel beider Reallaborkonzepte ist letztendlich die Förderung von Innovationen, indem die teilnehmenden Unternehmen Technologien (unter realen Bedingungen) in einem geschützten Raum testen können und die jeweilige Aufsichtsbehörde ein besseres Verständnis der Technologie erhält, um adäquate rechtliche Rahmenbedingungen sicherzustellen. Auffallend ist aber gleichsam auch, dass der kollaborative Ansatz beider Reallaborkonzepte nicht derart ausgeprägt ist wie beispielsweise bei dem britischen Modell, das eine sehr individuelle Betreuung durch die jeweilige Aufsichtsbehörde bietet. Dies mag jedoch dem Umstand geschuldet sein, dass der Zugang zu den Reallaboren nach der DLT-VO und KI-VO quantitativ nicht beschränkt ist, während nach dem britischen Modell nur eine limitierte Zahl an Unternehmen gleichzeitig teilnehmen kann; bei einer quantitativen Beschränkung ist es einfacher, auf die Bedürfnisse der teilnehmenden Unternehmen individuell einzugehen, wohingegen ein unbeschränkter Zugang möglichst standardisierte Prozesse erfordert.

5 Reallabore in Deutschland

Reallabore haben in Deutschland bisweilen eine vergleichsweise kurze Geschichte. Erst innerhalb der letzten Jahre hat dieses Thema auch bei uns an Fahrt aufgenommen und ist in den Fokus der Öffentlichkeit geraten.

5.1 Historie

Auf Ebene der Bundesverwaltung gibt es unterschiedliche Ansichten zu Reallaboren.

5.1.1 Bundesministerium der Finanzen und BaFin

Sowohl das Bundesministerium der Finanzen (*BMF*) als auch die BaFin erteilten der Einführung von Reallaboren in der Vergangenheit stets eine klare Absage. 2018 vertrat das BMF noch die Auffassung, dass Reallabore nicht mit dem für den Finanzmarkt verfolgten technikneutralen Ansatz einer symmetrischen Regulierung (Gleiche Geschäfte mit gleichen Risiken unterliegen gleichen Regeln) vereinbar sei und zudem Regulierungsarbitrage fördere.[1] Ähnlich äußerte sich auch der damalige Präsident der BaFin, Felix Hufeld, ebenfalls 2018 auf der BaFin-Tech, einer jährlich stattfindenden Konferenz, bei der die BaFin mit Unternehmen der Finanzindustrie sowie Experten aus Praxis und Wissenschaft über die

[1] BT-Drucks. 19/1556, S. 4.

J. Lorenz, *Finanzinnovationen im Investmentfondsbereich und Regulierung unter dem Kapitalanlagegesetzbuch*, https://doi.org/10.1007/978-3-658-51864-6_5

Folgen der Digitalisierung und finanztechnologischer Innovationen diskutiert.[2] Die Bedenken des BMF und der BaFin sind zwar durchaus berechtigt, gleichwohl stellen sie auch nur eine Seite der Medaille dar, denn die Förderung von Finanzinnovationen sowie das Erkennen der damit verbundenen Risiken, die sich in einer angemessenen Regulierung wiederfinden, sind ebenfalls zu berücksichtigende Aspekte im Rahmen einer Abwägung mit Blick auf die Einführung von Reallaboren.

5.1.2 Reallabore Strategie des BMWi

Das BMWi hingegen hat in den letzten Jahren viele Regierungsinitiativen zur Förderung von Innovationen durch Reallabore auf den Weg gebracht. Bereits 2018, als sich das BMF und die BaFin noch ablehnend zu Reallaboren äußerten, rief das BMWi die Reallabore Strategie ins Leben, um Reallabore als wirtschafts- und innovationspolitisches Instrument in Deutschland systematisch zu etablieren.

Ziel der Reallabore Strategie ist es, durch Reallabore konkrete Erfahrungen im Zusammenspiel von Innovation und Regulierung zu sammeln und so zu einer „smarten" Regulierung zu gelangen.[3] Der Begriff der „smarten" Regulierung meint in diesem Zusammenhang eine Regulierung, die insbesondere anpassungsfähig ist, neue technologische Entwicklungen und deren Nutzen berücksichtigt, auf empirischen Erkenntnissen aufbaut und die bestehende Regulierung regelmäßig auf den Prüfstand stellt.[4]

Zur Erreichung dieses Ziels hat das BMWi drei Handlungsbereiche identifiziert, in denen es tätig wird:

5.1.2.1 Stärkung der Experimentierklauseln

Der erste Handlungsbereich besteht darin, Experimentierklauseln zu stärken, da sie die Grundlage für eine vermehrte und rechtssichere Nutzung von Reallaboren darstellen.[5] Ziel ist es insbesondere, dass neue Gesetze und Verordnungen durch die verstärkte Anwendung von Experimentierklauseln mehr Flexibilität

---

[2] BaFin-Tech: Konferenz zur Digitalisierung in Berlin: Zwischen Wettbewerb, Kooperation und Verbraucherschutz, abrufbar unter: https://www.bafin.de/SharedDocs/Veroeffentlichungen/DE/Fachartikel/2018/fa_bj_1804_BaFin-Tech.html (letzter Abruf: 27.03.2025).

[3] BMWi, Strategie Reallabore, S. 1.

[4] BMWi, Strategie Reallabore, S. 3.

[5] BMWi, Strategie Reallabore, S. 1.

erhalten und bestehende Klauseln verbessert werden, da es nach wie vor in vielen Innovationsbereichen keine rechtlichen Möglichkeiten für Reallabore gibt, beziehungsweise einheitliche Standards hierzu fehlen.[6]

5.1.2.2 Informationsaustausch und Vernetzung

Einen weiteren Handlungsbereich stellt der Abbau von Informationsdefiziten und damit einhergehend eine bessere Vernetzung sowie ein besserer Austausch zwischen Wirtschaft, Wissenschaft und Verwaltung dar.[7] Das BMWi hat hierzu bereits 2019 ein Handbuch für Reallabore veröffentlicht, das sich an Unternehmen, Forschungseinrichtungen und Verwaltungen richtet, die ein konkretes Reallabor planen und umsetzen; inhaltlich informiert es vor allem über rechtliche Fragestellungen und stellt gelungene Beispiele für Reallabore aus der Praxis vor.[8] Darüber hinaus hat das BMWi das „Netzwerk Reallabore" aufgebaut, um den Austausch und die Vernetzung zwischen den Stakeholdern aus Wirtschaft, Wissenschaft und Verwaltung zu erleichtern.[9] Schließlich gibt es auf Verwaltungsebene noch die „Interministerielle Arbeitsgruppe Reallabore" sowie den „Bund-Länder-Arbeitskreis Reallabore".[10]

5.1.2.3 Pilotprojekte und Wettbewerbe

Der dritte Handlungsbereich besteht darin, Reallabore auf Bundesebene zu initiieren und zu begleiten, um Praxiserfahrungen in der Ausgestaltung von Reallaboren zu sammeln sowie Informationen aus bestehenden Reallaboren besser für die Weiterentwicklung von Regulierung nutzen zu können.[11] Das BMWi hat zudem den Wettbewerb „Innovationspreis Reallabore" ins Leben gerufen, um gelungene

[6] BMWi, Reallabore – Testräume für Innovation und Regulierung, 10.07.2023, abrufbar unter: https://www.bmwk.de/Redaktion/DE/Dossier/reallabore-testraeume-fuer-innovation-und-regulierung.html (letzter Abruf: 25.03.2025).

[7] BMWi, Reallabore – Testräume für Innovation und Regulierung, 10.07.2023, abrufbar unter: https://www.bmwk.de/Redaktion/DE/Dossier/reallabore-testraeume-fuer-innovation-und-regulierung.html (letzter Abruf: 25.03.2025).

[8] BMWi, Handbuch für Reallabore, S. 3.

[9] BMWi, Reallabore – Testräume für Innovation und Regulierung, 10.07.2023, abrufbar unter: https://www.bmwk.de/Redaktion/DE/Dossier/reallabore-testraeume-fuer-innovation-und-regulierung.html (letzter Abruf: 25.03.2025).

[10] BMWi, Reallabore – Testräume für Innovation und Regulierung, 10.07.2023, abrufbar unter: https://www.bmwk.de/Redaktion/DE/Dossier/reallabore-testraeume-fuer-innovation-und-regulierung.html (letzter Abruf: 25.03.2025).

[11] BMWi, Strategie Reallabore, S. 8.

Reallaborprojekte entsprechend zu würdigen und aber auch, um den Fokus der Öffentlichkeit mehr auf das Thema Reallabore zu lenken.[12]

5.1.3 Umsetzung der Reallabore Strategie

Mit dem von der Bundesregierung vorgelegten ReallaboreG-E sowie der in 2025 geplanten Einführung eines verpflichtenden Experimentierklausel-Checks werden wichtige Beiträge für die Umsetzung der Reallabore Strategie und der Förderung von Reallaboren geleistet.

5.1.3.1 Entwurf eines Reallabore-Gesetzes

Der ReallaboreG-E gibt Rahmenbedingungen für einen einheitlichen Umgang mit und einer verbesserten Durchführung von Reallaboren vor. Neben einer Legaldefinition von Reallaboren und Experimentierklauseln regelt der Gesetzesentwurf vor allem die Funktion und Aufgaben des neu geschaffenen Reallabore-Innovationsportal des Bundes. Der Gesetzesentwurf ist sektorenübergreifend anwendbar auf alle bundesgesetzlichen Regelungen und Reallabore, die durch bundesgesetzliche Regelungen begründet werden.[13]

5.1.3.1.1 Ziel

In § 1 Abs. 1 ReallaboreG-E werden ausdrücklich die Ziele des Gesetzes formuliert. Demnach sollen vor allem die Rahmenbedingungen für die Erprobung von Innovationen sowie das regulatorische Lernen verbessert werden. Hierdurch erhofft sich der Gesetzgeber einerseits eine bessere und häufigere Nutzung von Reallaboren und andererseits eine schnellere Anpassung der rechtlichen Rahmenbedingungen, sodass es zu einem schnelleren Transfer von Innovationen kommt.[14] Dies veranschaulicht den dualen Fokus des Gesetzesentwurfs. Der Gesetzgeber trägt damit dem Umstand Rechnung, dass Innovationen häufig nicht mit geltenden rechtlichen Regelungen vereinbar sind oder diesbezüglich zumindest eine hohe Rechtsunsicherheit besteht.

---

[12] BMWi, Reallabore – Testräume für Innovation und Regulierung, 10.07.2023, abrufbar unter: https://www.bmwk.de/Redaktion/DE/Dossier/reallabore-testraeume-fuer-innovation-und-regulierung.html (letzter Abruf: 25.03.2025).

[13] Siehe § 1 Abs. 2 ReallaboreG-E.

[14] BT-Drucks. 21/218, S. 9.

Durch die Rolle des Reallabore-Innovationsportals des Bundes wird zudem der kollaborative Ansatz zwischen Wirtschaft und Verwaltung betont. Das Reallabore-Innovationsportal dient als zentrale Anlaufstelle für all diejenigen, die im Rahmen eines Reallabors Innovationen testen wollen und trägt somit zu einer Stärkung und Förderung des Wissenstransfers bei.[15]

5.1.3.1.2 Regelungen

Zur Erreichung der zuvor beschriebenen Ziele enthält der ReallaboreG-E Definitionen, Regelungen zum Reallabore-Innovationsportal und zum regulatorischen Lernen sowie Kriterien für eine einheitliche und innovationsfreudige Ermessensausübung der zuständigen Behörden bei der Genehmigung eines Reallabors auf Grundlage einer Experimentierklausel. Darüber hinaus statuiert es noch diverse Informations- und Berichtspflichten.

5.1.3.1.2.1 Reallabore-Innovationsportal

Zentraler Regelungsgegenstand des ReallaboreG-E ist das Reallabore-Innovationsportal des Bundes. Die Nutzung von Reallaboren zur Erprobung von Innovationen ist in sämtlichen Phasen von der Planung über die eigentliche Durchführung bis hin zur Evaluation äußerst komplex. Häufig bestehen hohe Informationsdefizite und Unsicherheiten über den Rechtsrahmen für die Nutzer eines Reallabors.[16] Durch die Schaffung des Reallabore-Innovationsportals sollen diese Hürden, die eine erfolgreiche Durchführung von Reallaboren behindern, abgebaut werden. Das Reallabore-Innovationsportal dient dabei als Anlaufstelle für Beratungen zur Umsetzung von Reallaboren, stellt entsprechende Informationsangebote zur Verfügung und schafft Vernetz-ungs- und Austauschmöglichkeiten.[17] Zudem bietet es die Möglichkeit, rechtliche Hürden oder den Bedarf an weiteren Experimentierklauseln zu melden.[18] Eine der Kernaufgaben des Reallabore-Innovationsportals besteht in der Sammlung und Bündelung von Informationen aus den Erprobungen in Reallaboren sowie der Zuleitung zentraler Erkenntnisse an die zuständigen Stellen des Bundes und gegebenenfalls der Länder.[19]

[15] BT-Drucks. 21/218, S. 17.

[16] Siehe BT-Drucks. 21/218, S. 19.

[17] Vgl. § 3 Abs. 2 Nr. 1 ReallaboreG-E.

[18] Vgl. § 3 Abs. 2 Nr. 2 ReallaboreG-E.

[19] Siehe BT-Drucks. 21/218, S. 20.

5.1.3.1.2.2 Kriterien für die Ermessensausübung bei Genehmigungen von Reallaboren

Im Sinne vereinheitlichter und innovationsfreundlicheren Genehmigungsprozessen führt § 4 ReallaboreG-E Kriterien auf, die bei der Ermessensausübung über die Genehmigung eines Reallabors auf Grundlage einer Experimentierklausel berücksichtigt werden müssen. Ergänzend zu den in fachgesetzlichen Regelungen genannten Belangen sind somit im Rahmen des Ermessens weitere in dem ReallaboreG-E explizit aufgeführte Kriterien zu berücksichtigen.

So ist bei der Ermessensausübung zwingend auf die Innovationsförderung sowie das regulatorische Lernen einzugehen. Dabei ist zu beachten, dass Reallabore einer ergebnisoffenen Erprobung von Innovationen dienen, deren Erkenntnisse positive Effekte über den spezifischen Fachbereich hinaus generieren und Aufschluss über eine mögliche gesetzliche Anpassung geben können.[20]

Auch eine Evaluation des Reallabors muss mit Blick auf das regulatorische Lernen bei der Ermessensentscheidung über die Ausgestaltung der Genehmigung eines Reallabors berücksichtigt werden, da diese einen wesentlichen Schritt für das regulatorische Lernen darstellt.[21]

Schließlich ist im Rahmen der Ermessensentscheidung über die Ausgestaltung der Genehmigung eines Reallabors die Möglichkeit einer Begleitung des Reallabors durch die zuständige Behörde zu berücksichtigen, um Fragen des rechtlichen Anpassungsbedarfs klären zu können. Dieser Aspekt ist nicht nur für das regulatorische Lernen von großer Bedeutung, sondern auch für die Nutzer des Reallabors. Gerade Startup-Unternehmen verfügen meist nicht über die notwendigen Ressourcen und Expertise, um die regulatorischen Anforderungen richtig einschätzen und bewerten zu können, sodass diesbezüglich häufig Unsicherheit besteht.[22]

5.1.3.1.2.3 Informationsaustausch

Zur Gewährleistung eines ausreichenden Informationsaustausches und Wissenstransfers zwischen sämtlichen betroffenen Parteien regelt der ReallaboreG-E verschiedene Informationskanäle.

Zur Erfüllung seiner Aufgaben ist das Reallabore-Innovationsportal auf die Zuleitung von Informationen aus der Praxis angewiesen. Nach § 6 Abs. 1 ReallaboreG-E hat daher eine Behörde, die ein Reallabor genehmigt, das Reallabore-Innovationsportal darüber zu informieren. Darüber hinaus können die für das Reallabor zuständige Behörde und deren Teilnehmer gemäß § 6

[20] Siehe BT-Drucks. 21/218, S. 21.

[21] Siehe BT-Drucks. 21/218, S. 21.

[22] Siehe BT-Drucks. 21/218, S. 22.

Abs. 2 ReallaboreG-E Berichte und Evaluationen aus dem Reallabor an das Reallabore-Innovationsportal übersenden. Letzteres kann diese Berichte dann auf seiner Internetseite veröffentlichen, sofern die Beteiligten des Reallabors damit einverstanden sind.

Das Reallabore-Innovationsportal wiederum hat nach § 7 Abs. 1 ReallaboreG-E dem BMWi in regelmäßigen Abständen einen Bericht über die im Rahmen des Innovationsportal gesammelten Erfahrungen und Erkenntnisse einzureichen. Das BMWi gibt diese Informationen seinerseits an die betroffenen Ministerien und Länder weiter. Nach § 7 Abs. 2 ReallaboreG-E sollen die betroffenen Ministerien dann anhand der gesammelten Erkenntnisse und Erfahrungen eine Weiterentwicklung der betroffenen Rechtsrahmen prüfen.

Alle drei Jahre hat das BMWi unter Einbindung der betroffenen Ministerien gemäß § 9 ReallaboreG-E dem Bundestag zur praktischen Anwendung des ReallaboreG sowie zu den zentralen Erkenntnissen aus den Arbeiten des Reallabore-Innovationsportals zu berichten. Im Vordergrund der Berichterstattung stehen dabei die Wirkung des ReallaboreG auf das regulatorische Lernen und die innovationsfreundliche Genehmigungspraxis.[23]

5.1.3.2 Experimentierklausel-Check

Am 13.04.2021 beschloss die damalige Bundesregierung ein Maßnahmepaket für Büroerleichterungen.[24] Teil dieses Pakets war auch eine verbindliche Prüfung der Erforderlichkeit von Experimentierklauseln im Rahmen von Gesetzgebungsverfahren, um auf diese Weise mehr Möglichkeiten für die Nutzung von Reallaboren zu schaffen und damit letztlich Innovationen zu fördern.[25] Dieser sog. Experimentierklausel-Check soll noch in 2025 verpflichtend für alle Gesetzesentwürfe werden. Ziel ist es, auf breiter Basis Experimentierklauseln in verschiedene Fachgesetze zu implementieren und dadurch mehr Flexibilität für die Testung von Innovationen zu schaffen.

Das BMWi hat bereits im Januar 2025 ein Prüfschema für die Durchführung der verbindlichen Prüfung der Erforderlichkeit von Experimentierklauseln erstellt, welches sich an die Verfasser von Gesetzesentwürfen richtet und dabei zwingend zu beachten ist.[26] Zur Beurteilung der Erforderlichkeit einer Experimentierklausel sind drei Fragen maßgeblich: (1) Gibt es Ausschlussgründe,

---

[23] Siehe BT-Drucks. 21/218, S. 24.

[24] Siehe Bundesregierung, Paket für Bürokratieerleichterungen.

[25] Bundesregierung, Paket für Bürokratieerleichterungen, S. 4.

[26] Siehe BMWi, Prüfschema für die Erforderlichkeit einer Experimentierklausel.

die gegen die Aufnahme einer Experimentierklausel sprechen? (2) Besteht ein aktueller Erprobungsbedarf? (3) Besteht ein künftiger Erprobungsbedarf?

5.1.3.2.1 Ausschlussgründe

Das Prüfschema für den Experimentierklausel-Check führt drei Ausschlussgründe auf.[27]

Zunächst stellt die Unvereinbarkeit mit internationalen oder europarechtlichen Vorgaben einen Ausschlussgrund dar; gibt es internationale oder europäische Vorgaben und lassen diese keine rechtlichen Spielräume auf nationaler Ebene zu, so kann aufgrund des Vorrangs europäischen oder internationalen Rechts keine Experimentierklausel geschaffen werden.

Ist eine Experimentierklausel grundsätzlich nicht mit staatlichen Schutzpflichten und sonstigen staatlichen Interessen vereinbar, stellt dies ebenfalls einen Ausschlussgrund dar. Als Kriterium hierzu wird als Beispiel die Risikointensität der Regelung aufgeführt.

Ein weiterer Ausschlussgrund ist eine Mehrbelastung für die öffentlichen Haushalte bedingt durch die Erprobung, für die es keine Finanzierungsgrundlage und auch keine Gegenfinanzierung gibt.

Schließlich gibt es noch als Auffangtatbestand sonstige Ausschlussgründe. Hierbei muss es sich um wichtige konkrete Gründe handeln, die die Formulierung und Aufnahme einer Experimentierklausel ausschließen.

Liegt einer oder liegen mehrere der Ausschlussgründe vor, so ist die Einführung einer spezialgesetzlichen Experimentierklausel nicht möglich und die Prüfung ist beendet.

5.1.3.2.2 Aktueller Erprobungsbedarf

Die Frage nach einem aktuellen Erprobungsbedarf richtet an bereits bekannte Innovationen. Dabei ist ein aktueller Erprobungsbedarf für eine Innovation in der Regel dann zu bejahen, wenn der gegenwärtige Rechtsrahmen noch keine ausreichenden Möglichkeiten für eine Erprobung bietet, die Erprobung auch befristet möglich ist und mit ihr ein rechtliches Erkenntnisinteresse mit Blick auf eine künftige Regulierung gegeben ist.[28] Ist ein aktueller Erprobungsbedarf gegeben, ist eine Experimentierklausel grundsätzlich angezeigt.

---

[27] Zu den Ausschlussgründen siehe BMWi, Prüfschema für die Erforderlichkeit einer Experimentierklausel, S. 5 f.

[28] BMWi, Prüfschema für die Erforderlichkeit einer Experimentierklausel, S. 7.

5.1.3.2.3 Künftiger Erprobungsbedarf

Ein künftiger Erprobungsbedarf ist dann gegeben, wenn in Zukunft Innovationen zu erwarten sind, für die der Rechtsrahmen Flexibilität bieten sollte, um Erprobungen ermöglichen zu können. Dies ist insbesondere dann anzunehmen, wenn das Aufkommen von Innovationen wahrscheinlich ist und die bestehende Regelungsdichte in dem Bereich eine Erprobung erschweren würde.[29]

Ist ein aktueller oder künftiger Erprobungsbedarf gegeben, so ist für den Regelungsbereich im Detail zu prüfen, ob und in welcher Form eine Experimentierklausel aufgenommen werden soll.[30]

5.1.3.2.4 Handbuch der Rechtsförmlichkeit

Im Handbuch der Rechtsförmlichkeit gibt das BMJ für Verfasser von Gesetzesentwürfen Empfehlungen für die rechtsförmliche Gestaltung von Gesetzen und Rechtsverordnungen. Die 4. Auflage des Handbuchs der Rechtsförmlichkeit aus 2024 enthält nunmehr auch Ausführungen zu Experimentierklauseln. Es gibt Anleitungen zur Formulierung von Experimentierklauseln sowie ihrer Allokation im Gesetz.[31]

5.1.4 Zwischenergebnis

Das BMWi schreitet voller Tatendrang mit Blick auf Reallabore voran. Mit dem ReallaboreG-E und dem verpflichtenden Experimentierklausel-Check werden mit Blick auf die Stärkung von Experimentierklauseln sowie den Informationsaustausch und die Vernetzung wichtige Beiträge zur Umsetzung der Reallabore Strategie des BMWi geleistet. Die Aufnahme von Experimentierklauseln in das Handbuch der Rechtsförmlichkeit zeigt zudem, dass es sich hierbei nicht mehr um einen Exoten handelt, sondern mittlerweile einen festen Bestandteil der deutschen Rechtstechnik.

---

[29] BMWi, Prüfschema für die Erforderlichkeit einer Experimentierklausel, S. 8.

[30] BMWi, Prüfschema für die Erforderlichkeit einer Experimentierklausel, S. 8.

[31] BMJ, Handbuch der Rechtsförmlichkeit, Rn. 435 f.

5.2 Experimentierklausel

Wie bereits aufgezeigt, kann eine Experimentierklausel ein wichtiger Bestandteil eines Reallabors sein. Zwingend ist diese Komponente jedoch nicht, wie das britische Beispiel eines Reallabors zeigt. Gerade in stark regulierten Bereichen kann sie sich jedoch als sinnvoll erweisen. Der verbindliche Experimentierklausel-Check für sämtliche Gesetzesentwürfe betont noch einmal den hohen Stellenwert, der Experimentierklauseln im Rahmen der Innovationförderung zugeschrieben wird.

5.2.1 Funktion

Experimentierklauseln können dazu beitragen, durch befristete Modifikationen des rechtlichen Rahmens die notwendige Flexibilität zu schaffen, um Innovationen in der Praxis testen und die Regulierung gegebenenfalls entsprechend zügig an neue Entwicklungen anpassen zu können.[32] Sie dienen somit als Rechtsgrundlage für Abweichungen von bestehenden Regelungen, sofern der Erprobung von Innovationen rechtliche Hürden entgegenstehen.[33] Darüber hinaus sollen sie aber auch Rechtssicherheit für alle Beteiligten schaffen,[34] indem sie klar vorgeben, unter welchen Voraussetzungen eine Abweichung von gesetzlichen Bestimmungen möglich ist. Entscheidend für solche Ausnahmeregelungen ist dabei, dass sie zu Erprobungszwecken dienen und lediglich befristet gelten.[35]

5.2.2 Ausgestaltung

Eine Experimentierklausel kann auf unterschiedliche Weise ausgestaltet werden. Die unterschiedlichen Modelle werden im Folgenden kurz vorgestellt.

5.2.2.1 Handlungsmaßnahmen

Eine Form der Experimentierklausel sind Handlungsmaßgaben an die jeweils zuständige Behörde. Hierbei wird der jeweils zuständigen Behörde vorgegeben,

[32] BMWi, Strategie Reallabore, S. 1; *Ahern*, European Business Organization Law Review 26 (2025), S. 241 (267).

[33] BMWi, Handbuch für Reallabore, S. 38.

[34] Siehe BMWi, Handbuch für Reallabore, S. 15.

[35] BMWi, Strategie Reallabore, S. 4; *Krönke*, JZ 2021, S. 434 (437).

eine bestimmte Erprobungsmaßnahme durchzuführen; eine solche Regelung ist als „Soll-Vorschrift“ formuliert, sodass es keinen Anspruch auf deren Durchsetzung gibt.[36]

5.2.2.2 Befugnistatbestand

Befugnistatbestände stellen eine weitere Möglichkeit dar, Experimentierklauseln zu formulieren. Bei diesen handelt es sich um eine gesetzliche Ermächtigung zugunsten der jeweils zuständigen Behörde, eine Erprobungsmaßnahme durchzuführen; bei ihnen handelt es sich um „Kann-Vorschriften“; auch diese begründen daher keinen Durchsetzungsanspruch, sondern lediglich einen Anspruch auf eine ermessenfehlerfreie Entscheidung der jeweiligen Behörde.[37]

5.2.2.3 Ausnahmetatbestand

Schließlich können Experimentierklauseln aus Ausnahmetatbeständen bestehen. Dies kann wiederum auf unterschiedliche Weise geschehen: Durch eine Ermächtigung der jeweils zuständigen Behörde zur (teilweisen) Abweichung von einer gesetzlichen Regelung, sei es von einer Verbotsnorm oder eines Genehmigungstatbestands, zugunsten privater oder öffentlicher Akteure oder durch einen Verzicht auf Nachweis- und Ausstattungserfordernisse.[38]

5.2.2.4 Experimentalgesetz

Von einer Experimentierklausel abzugrenzen sind die Experimentalgesetze. Im Unterschied zu einer Experimentierklausel gestattet ein Experimentalgesetz kein temporäres Abweichen von gesetzlichen Regelungen; vielmehr geht es bei diesem um die Schaffung einer gesetzlichen Regelung, die schon ihrer Geltung nach nur auf einen begrenzten Zeitraum angelegt ist, wie zum Beispiel § 10a GlüÄndStV 2012, wonach für den Zeitraum von sieben Jahren ab Inkrafttreten des GlüÄndStV ein eigenes Konzessionsregime für das Veranstalten von Sportwetten geschaffen wurde.[39]

---

[36] BMWi, Handbuch für Reallabore, S. 62.

[37] BMWi, Handbuch für Reallabore, S. 63.

[38] BMWi, Handbuch für Reallabore, S. 63.

[39] *Krönke*, JZ 2021, S. 434 (437).

5.2.3 Beispiele

Zur näheren Illustration werden im Folgenden Beispiele für Experimentierklauseln dargestellt. Bei diesen handelt es sich ausschließlich um Experimentierklauseln in Form vom Ausnahmetatbeständen.

5.2.3.1 Personenbeförderungsgesetz

Gemäß § 2 Abs. 7 PBefG kann die zuständige Behörde zur praktischen Erprobung neuer Verkehrsarten oder Verkehrsmittel auf Antrag im Einzelfall Abweichungen von Vorschriften des PBefG genehmigen, soweit öffentliche Verkehrsinteressen nicht entgegenstehen; eine solche Ausnahmeregelung darf höchstens vier Jahre gelten.

5.2.3.2 Gewerbeordnung

§ 13 GewO ermöglicht es den Landesregierungen, zur Erprobung vereinfachender Maßnahmen, insbesondere zur Erleichterung von Existenzgründungen und Betriebsübernahmen, Ausnahmen von Berufsregelungen nach der GewO zuzulassen, soweit dem nicht bindende Vorgaben des Europäischen Gemeinschaftsrechts entgegenstehen und sich die Auswirkungen der Ausnahmen auf das Gebiet des jeweiligen Landes beschränken; die entsprechende Ausnahmeregelung darf dabei für maximal fünf Jahre gelten.

5.2.3.3 Sächsisches E-Government-Gesetz

Die Experimentierklausel in § 20 SächsEGovG ermächtigt die jeweils fachlich zuständige oberste Staatsbehörde, zur Einführung und Fortentwicklung des E-Governments sachlich oder räumlich begrenzte Ausnahmen von der Anwendung verschiedener landesrechtlicher Verwaltungsverfahrens- und Verwaltungskostenregelungen für einen Zeitraum von höchstens fünf Jahren zuzulassen.

5.3 Zwischenergebnis

Während sich das BMF und die BaFin bislang öffentlich noch nicht positiv zu Reallaboren geäußert haben, hat das BMWi bereits 2018 eine Reallabore Strategie veröffentlicht, um die Nutzung von Reallaboren als Instrument zur Innovationsförderung zu etablieren und den Verfahrensablauf zu verbessern. Der Experimentierklausel wird dabei eine besondere Rolle zugeschrieben, da sie, vor allem in stark regulierten Bereichen, als Türöffner die Nutzung von Reallaboren ermöglicht, indem sie die Rechtsgrundlage für das Abweichen von gesetzlichen Regelungen darstellt. Der Gesetzesentwurf zu einem Reallabore-Gesetz sowie der geplante Experimentierklausel-Check, der für sämtliche Gesetzesentwürfe verbindlich sein soll, stellen einen elementaren Beitrag zur Umsetzung der Reallabore Strategie dar.

Fraglich bleibt jedoch weiterhin, ob die Reallabore Strategie des BMWi auch den Finanzmarkt miteinbezieht. Ausdrücklich erwähnt wird er zumindest nicht. Es ist jedoch nicht ersichtlich, warum im Bereich des Finanzmarktes der Ansatz einer symmetrischen Regulierung strikt weiterverfolgt werden soll, während in anderen ebenfalls stark regulierten Bereichen Reallabore mit Experimentierklauseln möglich und sogar erwünscht sind. Gerade vor dem Hintergrund des sektorenübergreifend formulierten ReallaboreG-E sowie des verbindlichen Experimentierklausel-Checks bei sämtlichen Gesetzesentwürfen ist nicht davon auszugehen, dass die Finanzmarktregulierung ausgeklammert werden kann.

Ergebnis

6

Aufgrund ihres stetigen Wechselspiels mit der Regulierung sind Finanzinnovationen ein ständiger Begleiter und Treiber der Finanzmärkte. Durch FinTechs haben sie eine neue Dynamik erfahren, indem sie die Regulierung der Finanzmärkte vor neue Herausforderungen gestellt haben, bei denen klassische Regulierungsinstrumente an ihre Grenzen stoßen. Für eine adäquate Risikoeinschätzung, und somit eine angemessene Regulierung, ist ein umfassendes Verständnis der FinTechs erforderlich. Dabei könnte das Konzept des Reallabors ein hilfreiches Instrument für die Finanzwirtschaft und die Regulierer gleichermaßen sein, ohne dabei gleich ein eigenständiges Regelwerk für FinTechs schaffen zu müssen.

Bei Reallaboren handelt es sich um ein Instrument, das dazu dient, Innovationen zu ermöglichen und gleichzeitig einen passenden Regulierungsrahmen für diese zu entwickeln. Sowohl die teilnehmenden Unternehmen als auch Aufsichtsbehörden können durch die Nutzung von Reallaboren in einem überwachten Raum und zeitlich begrenzt die mit der jeweiligen Innovation verbundenen Chancen und Risiken bereits vor deren Markteinführung verstehen lernen. Dies wiederum bringt weiterführende Erkenntnisse hinsichtlich der regulatorischen Behandlung sowie hinsichtlich der Anwendung in der Praxis.

Insbesondere am Beispiel Großbritanniens zeigt sich der große Nutzen von Reallaboren für den Finanzsektor, sowohl für die teilnehmenden Unternehmen als auch für die FCA als zuständige Aufsichtsbehörde gleichermaßen. Auch auf europäischer Ebene werden Reallabore als wichtiger Bestandteil der Innovationsförderung angesehen. Dabei erscheint es vor dem Hintergrund des Aufbaus einer europäischen Kapitalmarktunion und der Schaffung eines echten Binnenmarktes nur konsequent, dass das Konzept des Reallabors auch bei europäischen Projekten wie der DLT-VO oder der KI-VO berücksichtigt wird.

J. Lorenz, *Finanzinnovationen im Investmentfondsbereich und Regulierung unter dem Kapitalanlagegesetzbuch*, https://doi.org/10.1007/978-3-658-51864-6_6

In Deutschland hingegen steckt die Nutzung von Reallaboren noch in den Kinderschuhen. Das BMWi hat eine Reallabore Strategie entwickelt, um diese als innovationsförderndes Instrument zu etablieren, wobei Experimentierklauseln eine Schlüsselfunktion eingeräumt wird. Das BMF und die BaFin hingegen haben sich bisweilen stets sehr zurückhaltend bis kritisch zu Reallaboren geäußert. Dementsprechend werden im Finanzsektor auf nationaler Ebene bisweilen keine Reallabore verwendet. Gerade aber im Hinblick auf FinTechs könnte dies erforderlich sein. Da es sich beim Finanzsektor um einen hoch regulierten Bereich handelt, könnte die Einführung fachgesetzlicher Experimentierklauseln von großem Nutzen sein. Der europäische Gesetzgeber ist hierbei mit der KI-VO und der DLT-VO und den darin verankerten Reallaboren bereits einen wichtigen Schritt vorangegangen. Durch den ReallaboreG-E und den Experimentierklausel-Check, der für alle Gesetzesentwürfe zwingend vorzunehmen ist, könnte das Thema Reallabore auch für den Finanzmarktbereich auf nationaler Ebene eine neue Dynamik erlangen.

Teil II

Rechtsfigur der Registrierung von Kapitalverwaltungsgesellschaften nach dem KAGB

Ähnlich einer Experimentierklausel für Reallabore gibt es im Investmentfondsbereich ebenfalls die Möglichkeit, unter erleichterten Bedingungen das Investmentgeschäft zu betreiben, ohne hierfür eine Erlaubnis zu besitzen. Seit Inkrafttreten des KAGB am 22.07.2013 ist es einer Kapitalverwaltungsgesellschaft unter bestimmten Voraussetzungen gestattet, anstelle einer Erlaubnis lediglich eine Registrierung zu beantragen. Eine registrierte Kapitalverwaltungsgesellschaft unterfällt nur sehr eingeschränkt den Vorschriften des KAGB und ist mithin nicht so stark reguliert wie eine erlaubte Kapitalverwaltungsgesellschaft. In diesem Teil der Arbeit geht es nunmehr darum, diese Besonderheit im Finanzaufsichtsrecht, die von Boxberger auch als Regulierung „light" bezeichnet wird,[1] vor dem Hintergrund einer möglichen Etablierung von Reallaboren im Investmentfondsbereich näher vorzustellen.

[1] Siehe *Boxberger*, in: Weitnauer/Boxberger/Anders (Hrsg.), KAGB-Kommentar, § 44, Ziffer I.3.; *ders.*, GWR 2013, S. 415.

7 Historie

Die Rechtsgrundlage für die Möglichkeit zur Registrierung einer Kapitalverwaltungsgesellschaft hat ihren Ursprung in Art. 3 Abs. 2 AIFM-RL. Die AIFM-RL stellt neben der Richtlinie 2009/65/EG (*OGAW-RL*) das Grundgerüst des Investmentrechts auf europäischer Ebene dar. Beide Richtlinien enthalten umfangreiche Regelungen für Verwaltungsgesellschaften von Investmentvermögen, beziehungsweise im Fall der OGAW-RL zudem auch für Organismen für gemeinsame Anlagen in Wertpiere (*OGAW*), gemeinhin auch als Wertpapierfonds bezeichnet.

7.1 Globale Finanzmarktkrise 2008/2009

Die AIFM-RL ist eine Reaktion auf die globale Finanzmarktkrise von 2008/2009, welche die engen Verflechtungen der unterschiedlichen Finanzbereiche, insbesondere zwischen dem regulierten Bankenbereich und dem unregulierten Teil des Finanzmarktes, offenlegte.

7.1.1 Hintergrund

Auslöser der Finanzmarktkrise war zwar vordergründig eine geplatzte Immobilienblase in den USA und eine dadurch ausgelöste Hypothekenkrise, diese führte jedoch aufgrund jener engen Verflechtungen zu einer globalen Finanzmarktkrise. Um die Vorschriften im Rahmen der Bankenregulierung, vor allem die Eigenkapitalquoten, zu umgehen, verkauften Banken ihre Kreditforderungen an nicht

J. Lorenz, *Finanzinnovationen im Investmentfondsbereich und Regulierung unter dem Kapitalanlagegesetzbuch*, https://doi.org/10.1007/978-3-658-51864-6_7

regulierte Zweckgesellschaften, die diese bündelten und als Wertpapiere verbrieften, um sich durch deren anschließende Emission schließlich zu refinanzieren. Das Risiko eines Schuldenausfalls lag somit nicht mehr bei der Bank und der Kredit war nicht mehr in den Bilanzen der Bank enthalten. In einem Umfeld von hoher Liquidität an den Geldmärkten und niedriger Zinsen waren solche *Asset Backed Securities* und andere Derivate wegen ihrer hohen Renditeansprüche sehr begehrt auf den Märkten, weshalb Banken zum einen großzügige Kredite auch an Kreditnehmer von geringerer Bonität vergaben und zum anderen aber auch jene Finanzprodukte aufgrund der hohen Renditeansprüche selbst übernahmen. Neben Banken waren auch Versicherungsunternehmen, Pensionsfonds, Hedgefonds und auch andere Zweckgesellschaften Erwerber solcher Papiere.

Diese Geschäftspraktiken der Banken brachten immense systemische Risiken mit sich: Mangels ausreichender Informationen konnten Ratingagenturen die in Rede stehenden Finanzprodukte nur anhand der Bonität und dem Verhältnis von Kredit zum realen Immobilienwert bewerten, sodass die Anlageprodukte letztendlich an die Preisentwicklung am Immobilienmarkt gekoppelt waren. Darüber hinaus waren Banken aufgrund ihres enormen Fremdkapitalanteils dem Risiko einer erschwerten Refinanzierung im Falle einer Zinserhöhung ausgesetzt; wegen der „Auslagerung“ der Kreditforderungen mussten diese nicht mit Eigenkapital unterlegt werden, was einen sehr viel größeren Leverage-Effekt[1] mit sich brachte.

Als sich dann in den USA das Zinsumfeld änderte und die Zinsen aufgrund einer inflationsbedingten Straffung der Geldpolitik stiegen, hatte dies unweigerlich vermehrte Kreditausfälle zur Folge, was wiederum in fallende Immobilienpreise, einem Preisverfall der strukturierten Finanzprodukte und letzten Endes der globalen Finanzmarktkrise mündete.

Während die Behörden auf die mikroprudentielle Aufsicht von Finanzmarktakteuren fokussiert waren, ignorierten sie systemische Korrelationen zwischen diesen und die damit verbundenen makroökonomischen Risiken.[2]

---

[1] Der Begriff „Leverage“ ist in § 1 Abs. 19 Nr. 25 KAGB legal definiert. Demgemäß ist Leverage jede Methode, mit der die Verwaltungsgesellschaft den Investitionsgrad eines von ihr verwalteten Investmentvermögens durch Kreditaufnahme, Wertpapier-Darlehen, in Derivate eingebettete Hebelfinanzierungen oder auf andere Weise erhöht.

[2] Zur Finanzkrise siehe auch insgesamt: Deutscher Bundestag-WD 4- 3000 – 075/09; De Larosière-Bericht.

7.1.2 Rolle der Verwalter alternativer Investmentfonds

Die globale Finanzmarktkrise legte mithin bedeutende Risiken für Anleger, andere Marktteilnehmer und Märkte offen, die mit zahlreichen Anlagestrategien der Verwalter alternativer Investmentfonds (*AIFM*) zusammenhingen. AIFM waren zwar nicht die Verursacher der Finanzkrise, jedoch offenbarte sie die Interkonnektivität zwischen den unterschiedlichen Sektoren, wodurch AIFM teilweise sogar zu Markturbulenzen beigetragen haben. Insbesondere Hedgefonds, die naturgemäß in erheblichem Umfang Leverage einsetzen und Leerverkäufe tätigen, haben durch die plötzliche Auflösung von großen Leverage-Positionen aufgrund angezogener Kreditbedingungen sowie durch sog. Transmissionseffekte den Abschwung der Märkte und deren Liquiditätsverlust weiter verstärkt.[3] Während Hedgefonds in der EU größtenteils zumindest registriert waren und gewissen Informationspflichten unterlagen, waren sie in den USA völlig unter dem Radar der Regulierung.[4]

7.1.2.1 Risiken von Hedgefonds

Die von Hedgefonds ausgehenden Systemrisiken resultieren in erster Linie aus dem Einsatz von Leverage sowie dessen Wechselwirkungen mit Markt-, Liquiditäts- und Kreditrisiken.[5] Durch den Einsatz von Leverage ist es möglich, sofern die verfolgte Anlagestrategie aufgeht, höhere Gewinne zu erzielen; geht die Anlagestrategie jedoch nicht auf, bedeutet dies auf der anderen Seite höhere Verluste. Es besteht mithin ein höheres Markt- und Liquiditätsrisiko des Hedgefonds; ein Scheitern der Anlagestrategie, etwa aufgrund von unerwarteten Marktentwicklungen, kann dazu führen, dass der Hedgefonds trotz fallender Preise seine Positionen auflösen muss, um etwa offene Derivatepositionen zu bedienen, oder aufgrund von *Margin Calls* wegen des Wertverlustes gestellter Sicherheiten.[6] Über die Kreditvergabe an Hedgefonds sowie eigene Investitionen in diese ist der Bankensektor zudem direkt betroffen.[7] Zwar ist risikomindernd auch zu berücksichtigen, dass Hedgefonds meist diversifizierte Anlagestrategien verfolgen und die beteiligten Gegenparteien regelmäßig mit speziellen Risikomanagementsystemen ausgestattet sind, auf der anderen Seite jedoch verfolgen

---

[3] EU-Kommission, Vorschlag für AIFM-RL, KOM(2009) 207, S. 3.

[4] De Larosière-Bericht, Ziffer 86.

[5] *Bednarz*, Die Regulierung von Hedge-Fonds, S. 174.

[6] Deutsche Bundesbank, Finanzstabilitätsbericht, November 2005, S. 38.

[7] EZB, Monatsbericht, Januar 2006, S. 79.

Hedgefonds meist dieselben Strategien, was zu sog. *Crowded Trades* und mithin zu einer erhöhten Ansteckungsgefahr sowohl gegenüber Hedgefonds als auch gegenüber anderen Marktteilnehmern und Märkten führt.[8] Geht ein solcher Handel schief, löst dies einen *Run* aus, da alle in dieses Produkt investierten Anleger aussteigen wollen. Dies wiederum erhöht nochmals den Druck zu verkaufen, drückt somit weiter den Preis und setzt die Abwärtsspirale weiter in Gang, die sich auf sämtliche Marktteilnehmer auswirkt. Neben den Wertverlusten, die der Hedgefonds unmittelbar erleiden muss, sind zudem auch die Banken in zweierlei Hinsicht betroffen: Aufgrund von finanziellen Schwierigkeiten des Hedgefonds steigt dessen Kreditausfallrisiko gegenüber der Bank, und hat die Bank ihrerseits Anlagen in den Hedgefonds getätigt, verlieren ihre Einlagen an Wert, was sich wiederum nachteilig auf ihre Eigenkapitalquote auswirkt und sie sogar selbst in eine finanzielle Schieflage bringen kann.

7.1.2.2 Regulierung von Hedgefonds

In Deutschland gab es im InvG seit 2004 rechtliche Rahmenbedingungen für Hedgefonds. So waren zum einen, abweichend von den allgemeinen Vorschriften, gemäß §§ 43 Abs. 2, 93 Abs. 1 InvG die Vertragsbedingungen von Hedgefonds nicht nur im Fall von Publikumsfonds, sondern auch im Fall von Spezialfonds durch die BaFin zu genehmigen. Zum anderen bestanden nach dem InvG diverse Meldepflichten für Hedgefonds, wie zum Beispiel in Bezug auf Transaktionen in börsennotierte Wertpapiere und Derivate gemäß § 10 Abs. 2 InvG. Darüber hinaus unterlagen Single-Hedgefonds gemäß § 112 Abs. 1 InvG dem Grundsatz der Risikomischung sowie bestimmter Anlagegrenzen und konnten nicht an Privatanleger vertrieben werden. Dach-Hedgefonds hingegen durften nach § 113 Abs. 1 InvG nur in Single-Hedgefonds beziehungsweise mit ihnen vergleichbare andere Anlageformen investieren und gemäß § 113 Abs. 2 InvG nur bis zu 49 % des Vermögenswertes in Bankguthaben und Geldmarktinstrumente anlegen. Leverage und Leerverkäufe waren laut § 113 Abs. 1 S. 3 InvG grundsätzlich nicht erlaubt. Dach-Hedgefonds unterlagen nach dem InvG zwar strengeren Restriktionen als Single-Hedgefonds, waren dafür aber auch für Privatanleger erwerbbar. In Deutschland unterlagen Hedgefonds demnach auch bereits vor der Finanzmarktkrise einer Regulierung und waren daher grundsätzlich auf dem Radar der Aufsicht. Dies wird vor allem durch die Differenzierung auf Ebene der Anleger deutlich. Der Gesetzgeber wollte Privatanleger bestimmten Risiken nicht aussetzen, die er für professionelle Anleger hingegen für tolerabel hielt. So konnten

[8] EZB, Monatsbericht, Januar 2006, S. 78 f.

beispielsweise für Privatanleger zugängliche Dach-Hedgefonds keinen Leverage aufnehmen, Single-Hedgefonds hingegen schon.

7.1.2.3 Anwendungsbereich des InvG

Der Anwendungsbereich des InvG erfasste jedoch ausschließlich Investmentvermögen in Form von Publikums- oder Spezial-Sondervermögen sowie Investmentaktiengesellschaften; aufgrund dieser formalen Festlegung des Regulierungsrahmens war es somit weiterhin möglich, auch außerhalb jener für Hedgefonds geschaffenen Rahmenbedingungen Unternehmen in anderen Gesellschaftsformen zu gründen, die Hedgefonds-Strategien verfolgten und keiner Regulierung durch das InvG unterfielen.[9] Durch diesen rein formellen Begriff des Investmentvermögens wurde der Anwendungsbereich des InvG und mithin auch die Regulierung der Hedgefonds aufgrund der einfachen Umgehungsmöglichkeit stark eingeschränkt.

7.1.3 Reaktionen

Die Finanzmarktkrise markierte einen Wendepunkt für das globale Finanzsystem. Sie legte eine Reihe von Schwachstellen offen, wie Regulierungslücken, eine ineffiziente Aufsicht, intransparente Märkte oder zu komplexe Produkte. Der Ruf nach mehr Regulierung und Überwachung wurde lauter. Was folgte, war eine umfassende Regulierung der Finanzmärkte, -produkte und –akteure, um jene Schwachstellen zu beseitigen. In den darauffolgenden Jahren kam es somit in Europa zu einer Reihe an Gesetzesinitiativen; zu nennen sind hierbei insbesondere die geänderten Eigenkapitalregelungen für Banken durch die Eigenkapitalrichtlinie[10] beziehungsweise für Versicherungsunternehmen durch Solvency II[11], die MiFID II, die Verordnung für außerbörslich gehandelte Derivate (*EMIR*)[12] sowie die AIFM-RL, die nunmehr auch Verwalter alternativer Investmentfonds wie Hedgefonds, Private Equity Fonds oder Immobilienfonds reguliert.

---

[9] *Spindler/Bednarz*, WM 2006, S. 553 (556).

[10] Siehe Richtlinie 2013/36/EU.

[11] Siehe Richtlinie 2009/138/EG.

[12] Siehe Verordnung (EU) Nr. 648/2012.

7.1.4 Schattenbankensystem

Ein im Zuge der Krise häufig verwendeter Begriff ist jener der „Schattenbanken.[13] Er verdeutlicht die zunehmende Bedeutung von Unternehmen und Aktivitäten, die außerhalb des regulären Bankensystems strukturiert sind, jedoch bankähnliche Funktionen ausüben.

7.1.4.1 Begriff „Schattenbank"

Allgemein kann das „Schattenbankensystem" als Kreditvermittlung unter Beteiligung von Unternehmen und Aktivitäten außerhalb des regulären Bankensystems beschrieben werden.[14] Typische Beispiele hierfür sind Aktivitäten von Geldmarktfonds oder Verbriefungszweckgesellschaften sowie Repo-Geschäfte: So investieren Geldmarktfonds überwiegend in kurzfristige und besicherte Finanzierungsgeschäfte mit anderen institutionellen Investoren, während deren Anleger sie als Alternative zu den klassischen Bankeinlagen nutzen. Verbriefungszweckgesellschaften hingegen kaufen Forderungen von Banken oder anderen Finanzierungsgesellschaften, bündeln diese in Portfolien und nutzen diese als Besicherungen für emittierte Schuldverschreibungen, mit denen sie sich finanzieren. Repo-Geschäfte dienen schließlich als eine Art Kredit: Verkauft ein Unternehmen Wertpapiere aus seinem Bestand und kauft diese Zug-um-Zug mit einem Termingeschäft zurück, ist der Verkauf der Wertpapiere während der Laufzeit des Repo-Geschäfts im Prinzip nichts anderes als ein besicherter Kredit.[15]

7.1.4.2 Rolle der Investmentvermögen

Aber nicht nur Geldmarktfonds, sondern auch andere Arten von Investmentvermögen sowie Versicherungsunternehmen fallen unter den Begriff der Schattenbanken; Investmentvermögen im Allgemeinen spielen eine große Rolle bei der

---

[13] Mittlerweile wird der Begriff „*Shadow Banking*“ vom FSB nicht mehr verwendet, sondern wurde 2018 unter Beibehaltung der Definition in „*Non-Bank Financial Intermediation*“ geändert (siehe Pressemitteilung des FSB vom 22.10.2018, abrufbar unter: FSB reviews financial vulnerabilities and deliverables for G20 Summit – Financial Stability Board). Hintergrund dessen war, dass, obwohl die Regulierung von Schattenbankenaktivitäten seit der Finanzmarktkrise weit vorangeschritten war, der Begriff immer noch eine negative Konnotation mit dem unregulierten Teil des Finanzmarktes aufwies. Die neue Bezeichnung „*Non-Bank Financial Intermediation*“ sollte daher zukunftsgerichtet sein und die Arbeiten zur Verbesserung der Widerstandsfähigkeit der Finanzintermediation außerhalb des Bankensektors betonen.

[14] Vgl. FSB-Recommendations on Shadow Banking, S. 1 f.

[15] Siehe zu den Schattenbankenaktivitäten: Deutsche Bundesbank, Monatsbericht, März 2014, S. 15 (18); FSB Assessment on Shadow Banking, S. 7 – 9.

Finanzierung der Realwirtschaft und bei der Verwaltung der Rücklagen von Privathaushalten und Unternehmen.[16] Einerseits fungieren sie als Anleger, indem sie die eingesammelten Anlegergelder gemäß ihrer Investmentstrategie in Anlagen wie Finanzinstrumente, Unternehmen oder Infrastrukturprojekte investieren, andererseits bieten sie ihren Anlegern alternative Möglichkeiten der Geldanlage. Schattenbanken bieten somit eine zusätzliche Finanzquelle für die Realwirtschaft und stellen zudem eine Alternative zu Bankeinlagen dar; sie schaffen damit auch eine Möglichkeit zur Risikodiversifizierung außerhalb des Bankensektors.[17]

Anders als Banken werden Investmentvermögen aber im Namen ihrer Anleger verwaltet, denen die Vermögensgegenstände des Investmentvermögens gehören und denen die Erträge aus den gemäß Anlagestrategie getätigten Investitionen zugutekommen. Die Verwaltungsgesellschaften der Investmentvermögen haben daher treuhänderische Pflichten zu beachten und müssen demnach stets im besten Interesse der Anleger handeln.[18] Obwohl Banken und Investmentvermögen teils die gleichen Tätigkeiten ausführen, lassen sie sich aufgrund der strukturellen Unterschiede nicht per se den gleichen Regeln unterwerfen.

7.1.4.3 Risiken ausgehend von Investmentvermögen

Neben den Vorteilen alternativer Finanzierungsmöglichkeiten und Geldanlagen sind mit den Schattenbankenaktivitäten auch Risiken verbunden. Zu nennen sind hier insbesondere Risiken in der Fristen-/Liquiditätstransformation, im Zusammenhang mit Leverage, unvollständigem Kreditrisikotransfer und der Aufsichtsarbitrage.[19] Der FSB hat 2017 in seinen Empfehlungen zum Umgang mit strukturellen Schwachstellen bei den Aktivitäten im Vermögensverwaltungsbereich vor allem Risiken aufgrund von Liquiditätsinkongruenzen bei offenen Investmentvermögen[20] sowie dem Einsatz von Leverage bei Investmentvermögen identifiziert und diese durch Regulierungsempfehlungen adressiert.

[16] FSB, Non-Bank Financial Intermediation, abrufbar unter: https://www.fsb.org/work-of-the-fsb/financial-innovation-and-structural-change/non-bank-financial-intermediation/ (letzter Abruf: 27.03.2025).

[17] Grünbuch Schattenbankenwesen, S. 5.

[18] Zu den Unterschieden zwischen Bank und Investmentvermögen siehe: FSB Policy Recommendations, S. 8.

[19] Zu den Nachteilen siehe Grünbuch Schattenbankenwesen, S. 5 f.

[20] Eine Liquiditätsinkongruenz meint in diesem Kontext eine mangelnde Vereinbarkeit zwischen der Liquidität des Investmentvermögens und den Rücknahmebedingungen der Anteile am Investmentvermögen durch die Anleger.

Offene Investmentvermögen, die ihren Anlegern eine kurzfristige Rückgabemöglichkeit anbieten, gleichzeitig jedoch in weniger liquide Vermögensgegenstände investieren, sind einem erhöhten Liquiditätsrisiko ausgesetzt, wenn es in angespannten Marktsituationen zu verstärkten Rückgabeverlangen der Anleger kommt und dies zu einer Liquiditätsinkongruenz führt.[21]

Investmentvermögen mit einem hohen Leverage sind im Allgemeinen größeren Marktschwankungen ausgesetzt, mit potenziellen Folgewirkungen auf direkte Gegenparteien, Anleger und die Unternehmen, in die sie investieren: Befindet sich ein Investmentvermögen in einer finanziellen Notlage, besteht durch den Einsatz von Leverage ein erhöhtes Risiko, dass sich diese auf die Gegenparteien des Investmentvermögens (Banken oder Broker, die direkte Handelsverbindungen mit dem Investmentvermögen haben beziehungsweise dieses durch Kredite finanzieren) und dann auf das breitere Finanzsystem übertragen könnte (Kontrahentenrisiko). Aufgrund der engen Verflechtungen mit anderen Marktteilnehmern (entweder über direkte Verbindungen[22] oder über Derivate oder ähnliche Vermögenswerte) können Investmentvermögen Risiken und Marktspannungen zudem auf andere Marktteilnehmer und Sektoren ausbreiten und damit möglicherweise auch zu systemischen Risiken beitragen (Interkonnektivitätsrisiko). Gegenläufige Bewegungen der Vermögenswerte, *Margin Calls* oder höhere Sicherheitsabschläge können das Investmentvermögen zum Verkauf von Vermögensgegenständen zwingen, um die nötige Liquidität zu erhalten und die Leveragequote zu senken; die sinkenden Preise der Vermögenswerte sowie erhöhte *Margin Calls* wirken sich wiederum auch auf andere Marktteilnehmer aus (*Spillover* Effekt). Leverage kann außerdem zur Prozyklizität beitragen, wenn die Investmentvermögen ihre Engagements während Abschwüngen im Konjunkturzyklus reduzieren.[23]

7.1.4.4 Überwachung des Schattenbankenbereichs

Nachdem man sich im Zuge der Finanzmarktkrise zunächst auf die Stärkung des Bankensektors und die deutliche Erhöhung der aufsichtsrechtlichen Anforderungen konzentriert hatte, haben internationale Organisationen und Regulierungsbehörden gemeinsam daran gearbeitet, die vom globalen Schattenbankensystem

[21] FSB Policy Recommendations, S. 11.

[22] Solche Verbindungen könnten beispielsweise darin bestehen, dass andere Marktteilnehmer, wie Banken, als Anleger an dem Investmentvermögen beteiligt sind oder das Investmentvermögen seinerseits andere Marktteilnehmer finanziert.

[23] FSB Policy Recommendations, S. 24.

ausgehenden Risiken anzugehen und ein robustes, nachhaltiges System der marktbasierten Finanzierung aufzubauen.

Seit 2011 erstellt der FSB jährlich einen Bericht zur Überwachung des globalen Schattenbankensektors. Für den Bericht werden weltweit Daten eingesammelt, mit denen der Umfang des Schattenbankensektors bestimmt wird sowie mit diesem verbundene Trends und Risiken identifiziert beziehungsweise analysiert werden. Dabei ist der mit Abstand größte Bereich im Schattenbankensektor stets der Investmentfondsbereich.

Durch die AIFM-RL wurden schließlich auch einige Aspekte des Schattenbankenwesens adressiert; so zum Beispiel die Überwachung von Liquiditätsrisiken durch den AIFM, Methoden zur Berechnung des Leverage oder diverse Berichtspflichten gegenüber der zuständigen Aufsichtsbehörde.

7.2 Einführung der AIFM-RL

Entsprechend der Lehren, die aus der globalen Finanzmarktkrise gezogen wurden, ist es primär das Ziel der AIFM-RL, die Finanzmarktstabilität zu sichern und einen Binnenmarkt der EU für AIFM zu schaffen, der alle Akteure und Tätigkeiten, die erheblichen Risiken unterliegen, einer angemessenen Regulierung und Aufsicht unterwirft.[24] Ein großer Teil des sog. Grauen Kapitalmarktes, also des unregulierten Kapitalmarktes, der keiner staatlichen Aufsicht unterliegt, wird nunmehr durch die AIFM-RL einer Regulierung unterworfen; dies betrifft v. a. Venture Capital und Private Equity Fonds sowie Immobilienfonds.[25] Durch die Einführung eines EU-Vertriebspasses und eines EU-Verwaltungspasses wird sowohl der europaweite Vertrieb von AIF an professionelle Anleger als auch die grenzüberschreitende Verwaltung ermöglicht und mithin der Binnenmarkt gefördert.[26] Neben der Beschränkung systemischer Risiken und der Schaffung eines Binnenmarktes ist es zudem das Bestreben, durch die AIFM-RL den Anlegerschutz sowie den Schutz der Zielunternehmen von Private Equity Fonds durch erhöhte Transparenz zu verbessern.[27]

---

[24] Siehe Erwägungsgrund Nr. 4 AIFM-RL.

[25] *Nelle/Klebeck*, BB 2013, 2499.

[26] *Tollmann*, in: Dornseifer/Jesch/Klebeck/Tollmann (Hrsg.), AIFM-RL-Kommentar, Einleitung, Rn. 22 f.

[27] *Tollmann*, in: Dornseifer/Jesch/Klebeck/Tollmann (Hrsg.), AIFM-RL-Kommentar, Einleitung, Rn. 17.

Gegenstand der AIFM-RL ist in erster Linie die Regulierung des AIFM[28], nicht aber des AIF[29]. Anders ist dies bei der OGAW-RL. Diese reguliert sowohl OGAW als auch deren Verwaltungsgesellschaften. Der europäische Gesetzgeber hatte bei der AIFM-RL bewusst den Fokus auf die Verwalter gelegt, da er diese als treibende Kraft hinter den Investmentvermögen sah; das Investmentvermögen wird nur als rechtliche Hülle wahrgenommen, sodass deren Beaufsichtigung grundsätzlich weiter auf nationaler Ebene erfolgen soll.[30] Eine Produktregulierung für den Schutz von professionellen Anlegern[31] hielt er für nicht erforderlich; eine solche hätte zudem Innovationen auf Produktebene erheblich erschwert, da hierfür die Richtlinie hätte geändert und national umgesetzt werden müssen.[32]

7.2.1 Umfassende Regulierung

Die AIFM-RL erfasst alle Verwalter von AIF, die einen Bezug zur EU aufweisen; dabei liegt der AIFM-RL eine extensive Definition des AIF zugrunde; diese schließt alle Formen der kollektiven Vermögensverwaltung mit Ausnahme solcher Investmentvermögen ein, die einer Erlaubnis nach der OGAW-RL bedürfen.[33] Der Kreis der von der AIFM-RL betroffenen Verwalter ist folglich sehr weit gefasst und reicht von jener eines handelsüblichen geschlossenen Immobilienfonds bis hin zum Verwalter von Hedgefonds, sodass Marktteilnehmer der unterschiedlichsten Branchen einem einheitlichen Aufsichtsrecht unterstellt werden.[34]

Die Risiken, die von einem AIFM ausgehen können, sind unterschiedlicher Art; sie reichen von Systemrisiken über mikroprudentielle Risiken sowie Risiken

[28] Deutsche AIFM fallen unter den Oberbegriff der Kapitalverwaltungsgesellschaft, vgl. § 1 Abs. 16 i.V.m. § 17 Abs. 1 KAGB.

[29] AIF fallen unter den Oberbegriff des Investmentvermögens. Gemäß § 1 Abs. 3 KAGB sind alle Investmentvermögen, die keine OGAW sind, als AIF zu qualifizieren.

[30] EU-Kommission, Vorschlag für AIFM-RL, KOM(2009) 207, S. 6.

[31] Gemäß Art. 43 AIFM-RL fällt der Vertrieb an Privatanleger nicht in den Anwendungsbereich der AIFM-RL, sondern richtet sich nach nationalem Recht.

[32] *Tollmann*, in: Dornseifer/Jesch/Klebeck/Tollmann (Hrsg.), AIFM-RL-Kommentar, Einleitung, Rn. 24.

[33] *Tollmann*, in: Dornseifer/Jesch/Klebeck/Tollmann (Hrsg.), AIFM-RL-Kommentar, Einleitung, Rn. 26.

[34] *Jakovou*, in: Langenbucher/Bliesner/Spindler (Hrsg.), Bankrechts-Kommentar, 39. Kapitel, Rn. 38.

betreffend die Markteffizienz und -integrität bis hin zu Risiken für den Anlegerschutz.[35] Die AIFM-RL enthält daher einerseits Regelungen, die für alle AIFM gelten, wie zum Beispiel für die Zulassung und Organisation, da den hiermit verbundenen Risiken alle AIFM gleichermaßen unterliegen; andererseits adressiert sie aber auch maßgeschneiderte Regelungen an bestimmte Aktivitäten (etwa an den Erwerb beherrschender Unternehmensbeteiligungen oder systematisch hohen Einsatz an Fremdkapital), um den hiermit speziell verbundenen Risiken zu begegnen.[36]

Im Sinne einer wirksamen Beaufsichtigung und Kontrolle sämtlicher in der EU tätigen AIFM hat der europäische Gesetzgeber durch die AIFM-RL eine Zulassungs- und Aufsichtspflicht für alle AIFM, die in der EU AIF verwalten, festgelegt, wobei jedoch der Verhältnismäßigkeitsgrundsatz Berücksichtigung findet.[37] Der europäische Gesetzgeber geht davon aus, dass die Regulierung und die damit einhergehende Implementierung von Instrumenten und Prozessen zur Begrenzung der von AIF ausgehenden Risiken nicht für alle AIFM gleichermaßen tragbar und mit Blick auf die Regulierungsziele sinnvoll ist.[38] So bestehen beispielsweis für AIFM, die Leverage einsetzen, umfassende Anzeigepflichten in Bezug auf den von ihnen verwalteten AIF gegenüber den zuständigen nationalen Behörden, die diese Informationen wiederum mit der Europäischen Wertpapier- und Marktaufsichtsbehörde (*ESMA*) und dem Europäischen Ausschuss für Systemrisiken (*ESRB*) teilen; auf diese Weise sollen frühzeitig mit diesen Aktivitäten verbundene potentielle Gefahrenquellen für die Finanzmarktstabilität in der EU erkannt werden.[39]

Bei der Wahl hinsichtlich der Art des EU-Gesetzes hat sich der europäische Gesetzgeber zu Recht für die Richtlinie entschieden. Im Gegensatz zu einer Verordnung ermöglicht eine Richtlinie einen vernünftigen Ausgleich zwischen Harmonisierung und Flexibilität; sie schafft einen kohärenten und sicheren Rahmen für die Zulassung von AIFM und deren laufende Beaufsichtigung, gibt den Mitgliedstaaten gleichzeitig auch ausreichend Spielraum, um ihre nationalen Rechtsordnungen an den neuen Rahmen anzupassen.[40]

---

[35] EU-Kommission, Vorschlag für AIFM-RL, KOM(2009) 207, S. 2 f.

[36] EU-Kommission, Vorschlag für AIFM-RL, KOM(2009) 207, S. 3.

[37] EU-Kommission, Vorschlag für AIFM-RL, KOM(2009) 207, S. 9.

[38] *Nelle/Klebeck*, BB 2013, S. 2499.

[39] Vgl. hierzu Erwägungsgrund Nr. 49 AIFM-RL.

[40] EU-Kommission, Vorschlag für AIFM-RL, KOM(2009) 207, S. 8.

7.2.2 Ausnahmen

Zur Vermeidung einer Überregulierung aufgrund des sehr weit gefassten Anwendungsbereichs der AIFM-RL beschloss der europäische Gesetzgeber Bereichsausnahmen von dieser festzulegen sowie für bestimmte AIFM Erleichterungen zu schaffen. Während die AIFM-RL auf manche Arten von Gesellschaften beziehungsweise Organisationen nicht anzuwenden ist, sollen andere Gesellschaften zwar in den Anwendungsbereich der AIFM-RL einzubeziehen sein, jedoch können diese statt einer Erlaubnis auch lediglich eine Registrierung beantragen. Dies hat dann zur Folge, dass die AIFM-RL nur sehr eingeschränkt auf sie anwendbar ist.

7.2.2.1 Bereichsausnahmen

Art. 2 Abs. 3, 3 Abs. 1 sowie Art. 6 Abs. 8 S. 1 AIFM-RL regeln die Ausnahmetatbestände der AIFM-RL. Hierunter fallen insbesondere supranationale Institutionen wie die Europäische Zentralbank (*EZB*) oder der Europäische Investitionsfonds, nationale Zentralbanken, staatliche Stellen und Gebietskörperschaften oder andere Einrichtungen, die Fonds zur Unterstützung von Sozialversicherungen- und Pensionssystemen verwalten, oder aber auch Arbeitnehmerbeteiligungssysteme und Arbeitnehmersparpläne sowie Verbriefungszweckgesellschaften. All diese Institutionen verfolgen einen öffentlichen Zweck beziehungsweise dienen dem öffentlichen Interesse und sind deshalb vom Anwendungsbereich der AIFM-RL ausgenommen.[41]

Auch Holdinggesellschaften fallen nicht in den Anwendungsbereich; in Abgrenzung zu Private-Equity Investitionen fallen hierunter jedoch nur solche Gesellschaften, die neben der unternehmerischen Einflussnahme auf Beteiligungsunternehmen auch eine Geschäftsstrategie zur Förderung des langfristigen Werts der Beteiligungsunternehmen verfolgen.[42]

Schließlich findet die AIFM-RL ebenfalls keine Anwendung bei AIFM, die der einzige Anleger des von ihnen verwalteten AIF sind, sowie bei rein konzerninternen Konstellationen (sog. Konzernprivileg) aufgrund des fehlenden Fremdbezugs ihrer Tätigkeiten.[43]

---

[41] *Tollmann*, in: Dornseifer/Jesch/Klebeck/Tollmann (Hrsg.), AIFM-RL-Kommentar, Art. 2, Rn. 90 ff.

[42] *Tollmann*, in: Dornseifer/Jesch/Klebeck/Tollmann (Hrsg.), AIFM-RL-Kommentar, Art. 2, Rn. 81 f.

[43] *Tollmann*, in: Dornseifer/Jesch/Klebeck/Tollmann (Hrsg.), AIFM-RL-Kommentar, Art. 3, Rn. 3, 9.

7.2.2.2 Registrierung

Die Registrierung als Alternative zur Erlaubnis ist Ausfluss des Verhältnismäßigkeitsgrundsatzes. Nach Einschätzung des europäischen Gesetzgebers stellen die Tätigkeiten von AIFM, die lediglich kleine Fondsvolumina verwalten (sog. kleine AIFM), jeweils für sich keine Gefahr für die Finanzmarktstabilität dar und bedürfen mithin keiner intensiven Regulierung gemäß der AIFM-RL. Zu berücksichtigen bleibt dabei jedoch, dass der Aggregation einer Vielzahl kleiner AIFM sehr wohl eine gewisse Systemrelevanz zukommen kann. Ein kompletter Verzicht auf eine Regulierung wäre somit ebenfalls nicht opportun, sodass zumindest eine Registrierung im Herkunftsmitgliedstaat erforderlich scheint.[44]

Die Einhaltung sämtlicher Regelungen der AIFM-RL wäre demnach aufgrund der geringen Risiken mit einem unverhältnismäßigen Aufwand für solch kleine AIFM verbunden und stünde außer Verhältnis zu den mit einer Anwendung der AIFM-RL verbundenen Vorteilen.[45] Daher unterliegen registrierte AIFM nur einem reduzierten Aufsichtsregime. Art. 3 Abs. 2 AIFM-RL regelt dementsprechend, dass, sofern ein bestimmter Schwellenwert bezüglich des vom AIFM verwalteten Fondsvermögens nicht überschritten wird, auf diesen AIFM lediglich die Absätze 3 und 4 des Art. 3 AIFM-RL Anwendung finden.[46] Durch eine Registrierung soll somit lediglich die Erfassung und Beobachtung kleiner AIFM anhand bestimmter Eckdaten sichergestellt werden.[47] Hierzu zählen laut Art. 3 Abs. 3 AIFM-RL vor allem Meldungen gegenüber der zuständigen Behörden des Herkunftsmitgliedstaat hinsichtlich der vom AIFM verwalteten AIF und deren Anlagestrategien zum Zeitpunkt der Registrierung sowie regelmäßige Meldungen über die wichtigsten Instrumente, mit denen die AIFM handeln, und über die größten Risiken und Konzentration der von ihnen verwalteten AIF. Überdies hat ein AIFM die zuständige Behörde des Herkunftsmitgliedstaat darüber zu informieren, wenn sie die Voraussetzungen für eine Registrierung nicht mehr einhält. Sobald beispielsweise das vom AIFM verwaltete Fondsvolumen zu groß wird und dieser bestimmte Schwellenwerte dauerhaft überschreitet, ist die AIFM-RL vollständig anzuwenden, inklusive des Erfordernisses einer Erlaubnis.[48]

---

[44] Vgl. hierzu Erwägungsgrund Nr. 17 AIFM-RL.

[45] EU-Kommission, Vorschlag für AIFM-RL, KOM(2009) 207, S. 6.

[46] Art. 3 Abs. 3 AIFM-RL legt die Mindestanforderungen fest, die ein registrierter AIFM einhalten muss, während Art. 3 Abs. 4 AIFM-RL klarstellt, dass der AIFM im Falle einer Registrierung auch nicht die durch die AIFM-RL eingeräumten Rechte für sich beanspruchen kann. Siehe hierzu im Übrigen bereits oben Ziffer A) I) 2) (b) (ab).

[47] *Verfürth/Emde*: in Emde/Dornseifer/Dreibus (Hrsg.), KAGB-Kommentar, § 2, Rn. 7.

[48] Vgl. Art. 3 Abs. 3 letzter UA AIFM-RL.

Gemäß Art. 3 Abs. 4 AIFM-RL bedeutet das reduzierte Aufsichtsregime für registrierte AIFM im Umkehrschluss konsequenterweise auch, dass diese nicht in den Genuss der mit der AIFM-RL eingeräumten Rechte kommen (etwa den EU-Vertriebs- und EU-Verwaltungspass); dies ist nur dann der Fall, wenn sie sich den Regelungen der AIFM-RL in Gänze unterwerfen (sog. Opt-in-Option).

7.3 Umsetzung im KAGB

Die AIFM-RL wurde vom deutschen Gesetzgeber durch das KAGB in nationales Recht umgesetzt und bildet zusammen mit der OGAW-RL dessen Grundlage. Mit Inkrafttreten des KAGB wurde das InvG, welches vor dem KAGB das nationale „Kern-Gesetz" des Investmentrechts gewesen war, aufgehoben. Die Regelungen des InvG wurden dabei teilweise in das KAGB übernommen. Da die OGAW-RL bereits durch das damalige InvG in deutsches Recht umgesetzt worden war, wurde sie durch die Übernahme der entsprechenden Vorschriften aus dem InvG in das KAGB ebenfalls automatisch mitberücksichtigt. Das KAGB enthält neben der Umsetzung der OGAW-RL und AIFM-RL auch eine Produktregulierung von offenen und geschlossenen Investmentvermögen, die ausschließlich nationalen Ursprungs ist.

7.4 Zwischenergebnis

Die globale Finanzkrise von 2008/2009 hat zu einem Strukturwandel bei der Regulierung der Finanzmärkte geführt. Der aufsichtliche Fokus im Investmentfondsbereich liegt nunmehr auf den Akteuren und deren Tätigkeiten, also den AIFM und deren Verwaltung von Investmentvermögen. Die Definition eines AIFM ist dabei bewusst sehr weit gefasst. Demnach werden zunächst so viele Gesellschaften wie möglich von einer umfassenden Regulierung erfasst. Neben einigen Bereichsausnahmen hat der europäische Gesetzgeber unter Berücksichtigung des Verhältnismäßigkeitsgrundsatzes mit dem rechtlichen Konstrukt der Registrierung wiederum erhebliche Erleichterungen verbunden mit einer sehr eingeschränkten Aufsicht für solche AIFM ermöglicht, die aufgrund ihres geringen Volumens an verwaltetem Vermögen keine Gefahr für die Finanzstabilität darstellen.

8 Systematik der Registrierung im Gefüge des KAGB

Das KAGB bereitet auf nationaler Ebene die gesetzliche Grundlage für das Investmentrecht und wird durch diverse Verordnungen, die bestimmte Regelungen des KAGB konkretisieren, ergänzt. Die Regulierung des Investmentrechts nach dem KAGB konzentriert sich dabei im Wesentlichen auf zwei Aufsichtsobjekte, zum einen die Kapitalverwaltungsgesellschaften und zum anderen die Investmentvermögen.

8.1 Anwendungsbereich des KAGB

§ 1 Abs. 1 S. 1 KAGB legt mit der Definition des Begriffs des Investmentvermögens den Anwendungsbereich des KAGB fest.[1]

Bei der Definition des Investmentvermögensbegriffs fand mit Inkrafttreten des KAGB ein Paradigmenwechsel im Vergleich zum vorherigen InvG statt.[2] Der Begriff des Investmentvermögens wird seitdem nicht mehr nach formellen, sondern in Anlehnung an den Begriff des AIF gemäß Art. 4 Abs. 1 lit. a AIFM-RL anhand materieller Kriterien bestimmt; er ist somit viel weiter gefasst und soll dadurch regulatorische Lücken schließen sowie Umgehungsversuche vermeiden.[3]

[1] *Jakovou*, in: Langenbucher/Bliesner/Spindler (Hrsg.), Bankrechts-Kommentar, 39. Kapitel, Rn. 2.

[2] *Emde/Dreibus*, BKR 2013, S. 89 (90).

[3] *Klebeck/Kolbe*, BB 2014, S. 707.

J. Lorenz, *Finanzinnovationen im Investmentfondsbereich und Regulierung unter dem Kapitalanlagegesetzbuch*, https://doi.org/10.1007/978-3-658-51864-6_8

Während nach dem InvG nur solche Anlagevehikel als Investmentvermögen angesehen wurden, die den formalen Anforderungen des InvG entsprachen,[4] unterfällt ein Anlagevehikel nunmehr bereits dann der Regulierung durch das KAGB, wenn die Tatbestandsvoraussetzungen für ein Investmentvermögen vorliegen, und zwar unabhängig davon, ob es die konkreten Anforderungen des KAGB erfüllt oder nicht.[5] Mit dem weiten Begriff des Investmentvermögens wird auch der Anwendungsbereich für die Verwalter solcher Investmentvermögen, die ebenfalls von der Fondsregulierung umfasst sind, ausgedehnt.

Der weite Anwendungsbereich und die damit verbundene umfassende Regulierung des Investmentfondssektors führt unweigerlich zu der Frage nach ausreichendem Raum für Innovationen. Insoweit könnten in diesem Kontext Reallabore relevant werden.

8.1.1 Investmentvermögen

Gemäß § 1 Abs. 1 S. 1 KAGB ist ein Investmentvermögen jeder Organismus für gemeinsame Anlagen, der von einer Anzahl von Anlegern Kapital einsammelt, um es gemäß fester Anlagestrategie zum Nutzen dieser Anleger zu investieren, und der kein operativ tätiges Unternehmen außerhalb des Finanzsektors ist.

Dabei gibt es zwei Grundarten von Investmentvermögen: OGAW und AIF. Während es sich bei OGAW um Investmentvermögen handelt, die den Anforderungen der OGAW-RL entsprechen und überwiegend in liquide Wertpapiere investiert sind, fallen unter AIF gemäß § 1 Abs. 3 KAGB alle Investmentvermögen, die keine OGAW sind. Beiden Grundarten von Investmentvermögen ist gemein, dass sie folgende Voraussetzungen erfüllen:

8.1.1.1 Organismus

Ein Investmentvermögen ist zunächst ein Organismus, also ein rechtlich oder wirtschaftlich verselbstständigtes gepooltes Vermögen; hierfür bedarf es weder einer bestimmten Rechtsform noch einer bestimmten Form der Beteiligung. Es ist demnach für das Vorliegen eines Organismus unerheblich, ob er in Vertragsform (als Sondervermögen) oder in Gesellschaftsform (als Kapitalgesellschaft oder Personengesellschaft) errichtet ist. Auch die Art der Beteiligung des Anlegers kann unterschiedlicher Art sein (stille Beteiligung, Genussrecht oder Schuldverschreibung). Entscheidend ist vielmehr, dass ein rechtlich oder wirtschaftlich

---

[4] Vgl. § 1 Abs. 1 S. 1 InvG.

[5] *Schneider-Deters*, in: Patzner/Döser/Kempf (Hrsg.), KAGB-Kommentar, § 1, Rn. 1.

verselbstständigtes gepooltes Vermögen aufgelegt wird, weshalb beispielsweise Joint-Venture Vereinbarungen hiervon nicht erfasst sind, sofern die Gelder nicht in einem Vehikel gepoolt werden.[6]

8.1.1.2 Gemeinsame Anlagen

Der Organismus muss sodann für gemeinsame Anlagen verwendet werden. Das Tatbestandsmerkmal der gemeinsamen Anlagen ist erfüllt, wenn sowohl eine Gewinn- als auch Verlustbeteiligung der Anleger an der Wertentwicklung der Vermögensgegenstände vorliegt, in die der Organismus investiert; hat der Anleger jedoch einen unbedingten Rückzahlungsanspruch, ist das Merkmal der gemeinsamen Anlage nicht gegeben.[7] Dann handelt es sich nämlich in aller Regel um ein Einlagengeschäft gemäß § 1 Abs. 1 S. 2 Nr. 1 KWG. So ist das Merkmal der gemeinsamen Anlagen typischerweise als Gesellschaftereinlagen zur Erbringung des Eigenkapitals gegeben, da dies in der Regel keine rückzahlbaren Gelder sind.[8] Gleiches gilt auch für stille Beteiligungen, da diese in der Regel so ausgestaltet sind, dass der stille Gesellschafter am Gewinn und Verlust der Gesellschaft partizipiert.[9]

8.1.1.3 Einsammeln von Kapital

Das im Organismus genutzte Kapital muss ferner eingesammelt werden. Das Einsammeln von Kapital liegt vor, wenn der Organismus direkte oder indirekte Schritte unternimmt, um bei einem oder mehreren Anlegern Kapital zu beschaffen oder wenn eine gewerbsmäßige Kommunikation zwischen dem Organismus und dem zukünftigen Anleger stattfindet, die eine Kapitalbeschaffung zum Ziel hat.[10] Durch dieses Tatbestandsmerkmal sollen insbesondere die sog. Family-Offices vom Begriff des Investmentvermögens und mithin vom Anwendungsbereich des KAGB ausgenommen werden; bei einem Family-Office handelt es sich um ein Vehikel, das das Privatvermögen von Familienmitgliedern investiert, ohne dabei Kapital von Dritten zu beschaffen.[11]

---

[6] Zum Begriff des Organismus siehe BaFin-Auslegungsschreiben, Ziffer I.1.

[7] Siehe BaFin-Auslegungsschreiben, Ziffer I.2.

[8] *Schäfer,* in: Fischer/Schulte-Mattler (Hrsg.), KWG-Kommentar, § 1, Rn. 44.

[9] *Roth,* in: Hopt, HGB-Kommentar, § 230, Rn. 3.

[10] ESMA/2013/611, S. 6.

[11] Vgl. Erwägungsgrund Nr. 7 AIFM-RL.

8.1.1.4 Anzahl von Anlegern

Nach § 1 Abs. 1 S. 2 KAGB ist eine Anzahl von Anlegern gegeben, wenn die Anlagebedingungen, die Satzung oder der Gesellschaftsvertrag des Organismus für gemeinsame Anlagen die Anzahl möglicher Anleger nicht auf einen Anleger begrenzen. Dabei ist es unerheblich, ob tatsächlich mehrere Anleger an dem Organismus beteiligt sind; es reicht vielmehr aus, wenn theoretisch die Möglichkeit besteht, dass sich mehrere Anleger an dem Organismus beteiligen können.[12] Diese Voraussetzung ist auch dann erfüllt, wenn sich nach den Vertragsbedingungen des Organismus nur ein Treuhänder direkt als Anleger an diesem beteiligen darf und der Treuhänder Gelder mehrerer Personen investiert; diese Personen beteiligen sich mithin indirekt über den Treuhänder am Organismus.[13]

8.1.1.5 Feste Anlagestrategie

Zudem verfügt ein Organismus über eine festgelegte Anlagestrategie, wenn er eine Strategie verfolgt, die festlegt, wie das gepoolte Kapital verwaltet werden muss, damit es einen gemeinsamen Ertrag für die Anleger erzielt.[14] Eine festgelegte Anlagestrategie unterscheidet sich dabei von einer allgemeinen Unternehmensstrategie eines operativ tätigen Unternehmens insbesondere dadurch, dass die Anlagekriterien genau bestimmt sind und die Handlungsspielräume des AIFM einschränken.[15] So werden im Rahmen der Anlagestrategie insbesondere die Anlagegegenstände, die Laufzeit des Investmentvermögens oder der Umfang des eingesetzten Kapitals näher bestimmt.

8.1.1.6 Zum Nutzen der Anleger

Sodann darf das eingesammelte Kapital nicht zum Nutzen des eigenen Unternehmens investiert werden, sondern zum Nutzen der Anleger; ersteres ist etwa dann der Fall, wenn der Emittent eines Zertifikats in der Verwendung der Anlegergelder frei ist und diese nicht in die dem Index oder dem Referenzportfolio zugrundeliegenden Vermögensgegenstände investieren muss; hierbei wird lediglich die eigene Gewinnerzielungsabsicht des Emittenten verfolgt.[16] Ziel des Organismus muss es daher sein, eine Rendite für die Anleger zu erwirtschaften.

---

[12] Siehe BaFin-Auslegungsschreiben, Ziffer I.4.

[13] ESMA/2013/611, S. 7.

[14] ESMA/2013/611, S. 7.

[15] BT-Drucks. 17/12294, S. 201.

[16] Siehe BaFin-Auslegungsschreiben, Ziffer I.6.

8.1.1.7 Kein operativ tätiges Unternehmen außerhalb des Finanzsektors

Schließlich darf es sich gemäß § 1 Abs. 1 S. 1 KAGB bei dem Unternehmen nicht um ein „operativ tätiges Unternehmen außerhalb des Finanzsektors" handeln. Hierbei sind insbesondere solche Unternehmen als operativ tätig anzusehen, die Immobilien entwickeln oder errichten, Güter und Handelswaren produzieren, kaufen, verkaufen, tauschen oder sonstige Dienstleistungen außerhalb des Finanzsektors anbieten.[17] Dagegen stellen der Erwerb, die Vermietung, die Verpachtung, die Verwaltung sowie der Verkauf von Immobilien keine operativen Tätigkeiten dar.[18]

Insgesamt betrachtet ist der Begriff des Investmentvermögens sehr weit gefasst. Durch ihn werden nunmehr auch ein Großteil der Schattenbanken erfasst und in den Anwendungsbereich des KAGB einbezogen, die vor der begrifflichen Neufassung des Investmentvermögens dem Grauen Kapitalmarkt unterfielen und nicht reguliert waren.

8.1.2 Kapitalverwaltungsgesellschaft

Die Verwaltung eines Investmentvermögens wird durch eine Verwaltungsgesellschaft wahrgenommen. Das KAGB differenziert zwischen Sitz der Verwaltungsgesellschaft einerseits und Art des verwalteten Investmentvermögens andererseits. „Verwaltungsgesellschaft" ist der Oberbegriff und umfasst AIF-Verwaltungsgesellschaften und OGAW-Verwaltungsgesellschaften, die dabei wiederum, je nach Sitz, als AIF-Kapitalverwaltungsgesellschaft, EU-AIF-Verwaltungsgesellschaft und ausländische Verwaltungsgesellschaft beziehungsweise OGAW-Kapitalverwaltungsgesellschaft und EU-OGAW-Verwaltungsgesellschaft bezeichnet werden.[19] Mit Ausnahme der Kapitalverwaltungsgesellschaft sind die verschiedenen Arten von Verwaltungsgesellschaften in § 1 Abs. 15 bis Abs. 18 KAGB legal definiert.

Der Begriff der Kapitalverwaltungsgesellschaft, der als Oberbegriff sowohl die OGAW-Kapitalverwaltungsgesellschaft als auch die AIF-Kapitalverwaltungsgesellschaft erfasst, ist in § 17 Abs. 1 S. 1 KAGB legal

[17] Siehe hierzu die Definition von ESMA zu „allgemein kommerzieller oder industrieller Zweck", in: ESMA/2013/611, S. 3; auf diese Definition bezieht sich auch die BaFin im Rahmen ihrer Auslegung des Begriffs „operativ tätiges Unternehmen" in Ziffer I.7 des BaFin-Auslegungsschreibens.

[18] Siehe BaFin-Auslegungsschreiben, Ziffer I.7.

[19] Siehe § 1 Abs. 14 KAGB.

definiert. Hierbei handelt es sich gemäß § 17 Abs. 1 S. 1 KAGB um ein inländisches Unternehmen, dessen Geschäftsbetrieb darauf ausgerichtet ist, Investmentvermögen zu verwalten. Nach § 17 Abs. 2 KAGB kann ein Investmentvermögen entweder von einer externen Kapitalverwaltungsgesellschaft verwaltet werden (§ 17 Abs. 2 Nr. 1 KAGB), oder, wenn es die Rechtsform des Investmentvermögens zulässt, kann auch das Investmentvermögen selbst als interne Kapitalverwaltungsgesellschaft fungieren (§ 17 Abs. 2 Nr. 2 KAGB).

Wie auch bei der Definition des Investmentvermögens setzt sich der materielle Ansatz bei der Definition der Kapitalverwaltungsgesellschaft fort; demnach folgt die Eigenschaft einer Kapitalverwaltungsgesellschaft zwingend daraus, dass ein Investmentvermögen verwaltet wird. Nach dem formellen Ansatz des ehemaligen InvG folgte die Unterwerfung unter das InvG allein aus der bewussten Entscheidung einer Verwaltungsgesellschaft, einen bestimmten Fondstypus zu verwalten.[20]

Die Verwaltung eines Investmentvermögens liegt nach § 17 Abs. 1 S. 2 KAGB vor, wenn mindestens die Portfolioverwaltung oder das Risikomanagement erbracht wird. Während das Erbringen einer der beiden Tätigkeiten, die von der kollektiven Vermögensverwaltung gemäß § 1 Abs. 19 Nr. 24 KAGB umfasst werden, bereits zur Erlaubnispflicht als Kapitalverwaltungsgesellschaft führt, reicht es auf der anderen Seite nicht aus, nur eine der beiden Tätigkeiten auszuüben, um die Erlaubnis als Kapitalverwaltungsgesellschaft zu erhalten (Erlaubnisfähigkeit).[21]

Laut § 17 Abs. 3 KAGB kann für jedes Investmentvermögen nur eine Kapitalverwaltungsgesellschaft zuständig sein, die für die Einhaltung der Anforderungen des KAGB verantwortlich ist. Die Regelung dient der Umsetzung von Art. 5 Abs. 1 S. 1 AIFM-RL und soll sicherstellen, dass es eine zentrale Person gibt, die die tatsächliche Verwaltung des Investmentvermögens innehat und gegenüber dem Investmentvermögen sowie dessen Anlegern verantwortlich ist.[22] Diese Verantwortlichkeit gilt für sämtliche Tätigkeiten, die unter den Begriff der kollektiven Vermögensverwaltung nach § 1 Abs. 19 Nr. 24 KAGB fallen.[23]

---

[20] *Winterhalder*, in: Weitnauer/Boxberger/Anders (Hrsg.), KAGB-Kommentar, § 17 Rn. 2.

[21] Siehe BT-Drucks. 17/12294, S. 212.

[22] *Tollmann*, in: Dornseifer/Jesch/Klebeck/Tollmann (Hrsg.), AIFM-RL-Kommentar, Art. 5, Rn. 7.

[23] Siehe BaFin-FAQ zur Auslagerung, Ziffer 1.

8.2 Grundsatz der Erlaubnispflicht

Aus § 20 Abs. 1 S. 1 KAGB folgt schließlich, dass der Geschäftsbetrieb einer Kapitalverwaltungsgesellschaft erlaubnispflichtig ist. Das Erfordernis einer Erlaubnis für eine Kapitalverwaltungsgesellschaft entfällt ausnahmsweise nur bei einer nach § 2 Abs. 3 bis 7 KAGB privilegierten Kapitalverwaltungsgesellschaft.

Die Voraussetzungen für die Erteilung einer Erlaubnis sind für OGAW-Kapitalverwaltungsgesellschaften in § 21 Abs. 1 KAGB und für AIF-Kapitalverwaltungsgesellschaften in § 22 Abs. 1 KAGB geregelt. Hierzu gehören insbesondere die Zuverlässigkeit und fachliche Eignung der Geschäftsleiter, ein tragfähiger Geschäftsplan einschließlich Organisationsstruktur sowie die Kapitalanforderungen nach § 25 KAGB (Anfangskapital, fondsvolumen- und kostenabhängige Eigenmittel). Aus § 21 Abs. 5 KAGB ergibt sich zudem, dass eine gleichzeitige Erlaubnis als OGAW-Kapitalverwaltungsgesellschaft und AIF-Kapitalverwaltungsgesellschaft möglich ist. Sofern eine Kapitalverwaltungsgesellschaft also beide Erlaubnisse besitzt, kann sie in diesem Rahmen sowohl OGAW als auch AIF verwalten.

Gemäß § 20 Abs. 1 S. 2 KAGB kann die BaFin die Erlaubnis zudem auf die Verwaltung bestimmter Arten von Investmentvermögen beschränken. Die Befugnis der BaFin geht auf Art. 8 Abs. 4 AIFM-RL zurück.[24] Aus dem Wortlaut dieser Norm der AIFM-RL ergibt sich auch, dass sich eine mögliche Beschränkung der Erlaubnis auf die Betätigungsfelder der von der Kapitalverwaltungsgesellschaft verwalteten Investmentvermögen bezieht; die Norm nimmt bei der Beschränkung der Erlaubnis explizit Bezug auf die Anlagestrategien der AIF. Maßgeblich für den Umfang der Erlaubnis und einer möglichen Beschränkung auf bestimmte Arten von Investmentvermögen ist die fachliche Eignung der Geschäftsleiter der Kapitalverwaltungsgesellschaft; je nachdem, welche Vermögensgegenstände ihre fachliche Expertise umfasst.[25] Möchte die Kapitalverwaltungsgesellschaft den Umfang ihrer Erlaubnis erweitern, weil sie künftig Investmentvermögen

---

[24] Die Befugnis der BaFin zur Beschränkung der Erlaubnis nach § 20 Abs. 1 S. 2 KAGB gilt für AIF-Kapitalverwaltungsgesellschaften und OGAW-Kapitalverwaltungsgesellschaften gleichermaßen. Auf europäischer Ebene sieht jedoch nur die AIFM-RL eine solche Befugnis vor, nicht aber die OGAW-RL. In Bezug auf OGAW-Kapitalverwaltungsgesellschaften handelt es sich daher um eine rein nationale Regelung.

[25] *Reiff*, in: Weitnauer/Boxberger/Anders (Hrsg.), KAGB-Kommentar, § 20, Rn. 28; *Thole*, in: Emde/Dornseifer/Dreibus (Hrsg.), KAGB-Kommentar, § 20, Rn. 14.

verwalten möchte, die in Vermögensgegenstände investieren, die von ihrer aktuellen Erlaubnis nicht umfasst sind, hat sie bei der BaFin einen entsprechenden Erlaubniserweiterungsantrag zu stellen.[26]

8.3 Ausnahme der Registrierung

Eine Ausnahme zu dem Erlaubnisvorbehalt für den Geschäftsbetrieb einer Kapitalverwaltungsgesellschaft nach § 20 Abs. 1 S. 1 KAGB stellt die Registrierung dar. Basierend auf der Rechtsgrundlage von Art. 3 Abs. 2 AIFM-RL hat der nationale Gesetzgeber in § 44 Abs. 1 S. 1 Nr. 1 KAGB die Registrierungspflicht umgesetzt. Demnach ist eine Kapitalverwaltungsgesellschaft zur Registrierung bei der BaFin verpflichtet, wenn sie die Voraussetzungen des Registrierungstatbestands nach § 2 Abs. 4 S. 2 KAGB erfüllt.

An die Stelle der Erlaubnispflicht tritt dann die Verpflichtung zur Registrierung. Mit dieser einher gehen erhebliche Erleichterungen gegenüber einer sonst erforderlichen Erlaubnis: Neben einigen wenigen Berichtspflichten und der Einhaltung geldwäscherechtlicher Vorgaben gibt es so gut wie keine gesetzlich vorgegebenen Pflichten, die eine registrierte Kapitalverwaltungsgesellschaft erfüllen muss. Insbesondere die Anforderungen an die Geschäftsleiter einer Kapitalverwaltungsgesellschaft zur Zuverlässigkeit und fachlichen Eignung, die umfangreichen Organisations- und Verhaltenspflichten sowie die Eigenkapitalanforderungen, die eine erlaubte Kapitalverwaltungsgesellschaft beachten muss, und die mit einem immensen Verwaltungsaufwand und hohen Kosten verbunden sind, gelten nicht für registrierte Kapitalverwaltungsgesellschaften. Anders als im Rahmen der Erlaubnis ist die BaFin auch nicht befugt, die Registrierung auf bestimmte Arten von Investmentvermögen zu beschränken. Der Umfang einer Registrierung ist daher immer der Gleiche und kann nicht beschränkt werden.

Nachstehend erfolgt eine Darstellung zu den Voraussetzungen, um in den Genuss einer Registrierung kommen zu können.

[26] *Bentele*, in: Baur/Tappen/Mehrkhah/Behme (Hrsg.), Investmentgesetze, § 20, Rn. 4; *Reiff*, in: Weitnauer/Boxberger/Anders (Hrsg.), KAGB-Kommentar, § 20, Rn. 29.

8.3.1 Registrierungstatbestand

§ 44 Abs. 1 KAGB verweist hinsichtlich des Anwendungsbereichs der Registrierungspflicht auf § 2 Abs. 4 KAGB, der den Registrierungstatbestand sowie die im KAGB anwendbaren Vorschriften bestimmt.

8.3.1.1 Historie

Im Laufe der Zeit hatte der nationale Gesetzgeber auf Basis der Schwellenwertberechnung des Art. 3 Abs. 2 AIFM-RL mehrere Registrierungstatbestände im KAGB eingeführt, die bis auf jenen nach § 2 Abs. 4 S. 2 KAGB alle wieder abgeschafft wurden. Während die Registrierung gemäß § 2 Abs. 4 S. 2 KAGB dabei genau den im Art. 3 AIFM-RL aufgeführten Anforderungen entspricht, ging der deutsche Gesetzgeber bei der Registrierung aufgrund der anderen Registrierungstatbestände über die in der AIFM-RL geschaffenen regulatorischen Mindeststandards hinaus.[27]

Nach § 2 Abs. 4a KAGB waren Kapitalverwaltungsgesellschaften lediglich registrierungspflichtig, sofern diese kleine geschlossene Publikums-AIF mit einem stark begrenzten Anlegerkreis verwalteten. Dieser Registrierungstatbestand erforderte einen intern verwalteten geschlossenen Publikums-AIF, dessen Vermögensgegenstände 5 Millionen Euro einschließlich Leverage nicht übersteigen durfte und maximal fünf natürliche Personen als Anleger hat. Der deutsche Gesetzgeber ging hierbei davon aus, dass bei solch kleinen Anlagen mit nur fünf natürlichen Personen als Anlegern sich sowohl die Anleger untereinander als auch die Kapitalverwaltungsgesellschaft kennen und gegenseitig einschätzen können, welche Strategien und Risiken mit der beabsichtigten Investition verbunden und gewollt sind.[28]

Der Registrierungstatbestand des § 2 Abs. 4b KAGB wiederum verlangte einen intern verwalteten geschlossenen Publikums-AIF in der Rechtsform einer Genossenschaft, der verpflichtend nach dem GenG einem Prüfungsverband angeschlossen ist und den im GenG vorgesehenen Pflichtprüfungen unterliegt. Ferner durften die Vermögensgegenstände des AIF einen Betrag von 100 Millionen Euro einschließlich Leverage nicht überschreiten. Schließlich musste noch aufgrund gesetzlicher Regelungen sichergestellt sein, dass ein Mindestbetrag aus der Nutzung des Sachwerts, in den der AIF direkt oder indirekt investiert ist, langfristig

[27] *Hartrott*, in: Frankfurter Kommentar zum KAGB, Teilband 1, § 44, Rn. 4.

[28] BT-Drucks. 17/13395, S. 402.

sichergestellt ist. Hintergrund dieser Privilegierung waren in erster Linie Bürgerbeteiligungen an Energieprojekten, bei denen eine räumliche Nähe der Anleger zum Anlageobjekt.[29]

§ 2 Abs. 5 KAGB enthielt schließlich eine Registrierungspflicht für Kapitalverwaltungsgesellschaften von kleinen geschlossenen AIF, die sowohl Spezial-AIF als auch Publikums-AIF verwalteten. Aus Anlegerschutzgesichtspunkten hatten diese jedoch neben der Registrierungs- und Berichtspflicht gegenüber der BaFin auch noch die Verwahrstellenregelungen, die Produktvorschriften und die Vertriebsvorschriften für geschlossene Publikums-AIF zu beachten.[30]

Während § 2 Abs. 4b KAGB im Zuge des OIGAW V-Umsetzungsgesetzes gestrichen wurde, da nach Auffassung des deutschen Gesetzgebers Genossenschaften im Sinne des GenG regelmäßig keine Investmentvermögen im Sinne des KAGB sind,[31] erfolgte die Streichung der Registrierungstatbestände des § 2 Abs. 4a und 5 KAGB durch das Gesetz zur weiteren Stärkung des Anlegerschutzes: Unabhängig davon, ob Privatanleger in offene oder geschlossene Investmentvermögen investieren, sollte ihnen ein einheitliches Schutzniveau geboten werden.[32]

Fraglich erscheint jedoch, ob der deutsche Gesetzgeber dieses Ziel erreicht hat. Gerade Bürgerenergieprojekte, bei denen Gemeinden ihre Bürger seinerzeit über Fondsstrukturen, die von nach § 2 Abs. 5 KAGB registrierten Kapitalverwaltungsgesellschaften verwaltet wurden, beteiligt haben, gründen heutzutage operativ tätige Gesellschaften, an denen sich Bürger als Gesellschafter, gegebenenfalls über Treuhänder, beteiligen und somit wieder im Grauen Kapitalmarkt verschwinden. Eine Registrierung der Kapitalverwaltungsgesellschaft ist nicht mehr möglich, da die Bürger regelmäßig nicht die Voraussetzungen eines professionellen oder semiprofessionellen Anlegers erfüllen. Eine erlaubte Kapitalverwaltungsgesellschaft als Alternative zur registrierten wäre wegen der Kosten und des organisatorischen Aufwands nicht rentabel.

---

[29] BT-Drucks. 17/13395, S. 402.

[30] BT-Drucks 17/12294, S. 205.

[31] BT-Drucks. 18/6744, S. 42.

[32] BT-Drucks. 19/28166, S. 37.

8.3.1.2 Registrierungstatbestand nach § 2 Abs. 4 S. 2 KAGB

Der nunmehr einzige noch bestehende Registrierungstatbestand[33] ist jener für kleine Spezial-AIFM gemäß § 2 Abs. 4 S. 2 KAGB, der dem in Art. 3 Abs. 2 AIFM-RL geregelten Fall entspricht. Demnach bedarf die Kapitalverwaltungsgesellschaft lediglich dann einer Registrierung, wenn die Kapitalverwaltungsgesellschaft ausschließlich Spezial-AIF verwaltet und die verwalteten Vermögensgegenstände der Spezial-AIF unter Einsatz von Leverage einen Betrag von 100 Millionen Euro oder einen Betrag von 500 Millionen Euro, sofern kein Leverage eingesetzt wird und die Anleger keine Rücknahmerechte innerhalb von fünf Jahren nach Tätigung der ersten Anlage ausüben können, überschreiten. Zudem darf die Kapitalverwaltungsgesellschaft nicht beschlossen haben, sich dem KAGB in seiner Gesamtheit zu unterwerfen.

8.3.1.2.1 Schwellenwerte

§ 2 Abs. 4 S. 2 Nr. 2 KAGB führt zwei Schwellenwerte auf und differenziert dabei zwischen AIF, die Leverage[34] einsetzen, und solchen, die keinen verwenden. Während der Schwellenwert für die Registrierung einer Kapitalverwaltungsgesellschaft gemäß § 2 Abs. 4 S. 2 Nr. 2 lit. b KAGB bei 500 Millionen Euro liegt, sofern für die AIF kein Leverage eingesetzt wird, und darüber hinaus die Anleger keine Rücknahmerechte innerhalb von fünf Jahren nach Tätigung der ersten Anlage ausüben können, beträgt der Schwellenwert für eine Registrierung unter dem Einsatz von Leverage nach § 2 Abs. 4 S. 2 Nr. 2 lit. a KAGB lediglich 100 Millionen Euro.

8.3.1.2.1.1 Schwellenwert mit Einbeziehung von Leverage

Die Berechnung des Leverage erfolgt gemäß Art. 6 Abs. 2 Delegierte Verordnung (EU) Nr. 231/2013 (*AIFM-VO*)[35] kumulativ nach der Brutto-Methode (Art. 7 AIFM-VO) und der Commitment-Methode (Art. 8 AIFM-VO). Die Brutto-Methode gibt dabei Aufschluss über das Gesamtrisiko eines AIF, während die Commitment-Methode die vom AIFM verwendeten Netting- und Hedging-Techniken aufzeigt; um mithin angemessene Informationen für die Überwachung systemischer Risiken zu erhalten und sich ein umfassendes Bild über den

---

[33] Die Registrierungstatbestände für die europäischen Fondsprodukte in § 2 Abs. 6 und 7 KAGB, den Europäischen Risikokapitalfonds (*EuVECA*) und den Europäischen Fonds für soziales Unternehmertum (*EuSEF*), bleiben hierbei unberücksichtigt.

[34] Zur Definition von Leverage siehe oben: Abschnitt 7, Fußnote 1.

[35] Die AIFM-VO ist gemäß Lamfalussy-Verfahrens als Delegierte Verordnung auf Level II Ebene; sie konkretisiert Vorgaben der auf Level I Ebene angesiedelten AIFM-RL. Die AIFM-VO gilt als europäische Verordnung direkt und unmittelbar in den EU-Mitgliedsstaaten.

Leverage-Einsatz zu verschaffen, sollen beide Berechnungsmethoden verwendet werden.[36]

Bei mehrstöckigen Strukturen ist Art. 6 Abs. 3 AIFM-VO zu beachten. Nach Art. 6 Abs. 3 S. 1 AIFM-VO erfolgt eine Zurechnung von Leverage, der auf Ebene unterhalb des Spezial-AIF eingesetzt wird, sofern die Finanz- oder Rechtsstruktur eigens dafür geschaffen wurde, das Risiko auf Ebene des Spezial-AIF direkt oder indirekt zu erhöhen. Dabei ist für die klassischen Private Equity-Strukturen, mithin bei Spezial-AIF, deren Anlagestrategie im Wesentlichen darin besteht, die Kontrolle über nicht börsennotierte Unternehmen zu erlangen, Art. 6 Abs. 3 S. 2 AIFM-VO zu berücksichtigen. Demnach werden bei diesen Spezial-AIF Risiken, die auf Ebene jener nicht börsennotierten Unternehmen unterhalb des Spezial-AIF bestehen, von dem AIFM nicht in die Berechnung des Leverage einbezogen, sofern der Spezial-AIF oder der für ihn handelnde AIFM für potentielle Verluste, die über seine Investition in das betreffende Unternehmen hinausgehen, nicht aufkommen muss.

8.3.1.2.1.2 Schwellenwert ohne Einbeziehung von Leverage

Bei dem Schwellenwert nach § 2 Abs. 4 S. 2 Nr. 2 lit. b KAGB ist zunächst zu beachten, dass kein einziger der von der Kapitalverwaltungsgesellschaft verwalteten AIF Leverage einsetzen darf; bei allen von der Kapitalverwaltungsgesellschaft verwalteten AIF muss folglich eine reine Eigenkapitalfinanzierung vorliegen. Ist dies bei nur einem einzigen AIF der Fall, so ist der Schwellenwert nach § 2 Abs. 4 S. 2 Nr. 2 lit. a KAGB maßgebend. Dies ergibt sich bereits aus dem Wortlaut von § 2 Abs. 4 S. 2 Nr. 2 lit. b KAGB („*... sofern für die Spezial-AIF kein Leverage eingesetzt wird...*“). Schließlich dürfen die Anleger der Spezial-AIF keine Rückgaberechte innerhalb von fünf Jahren nach Tätigen der ersten Anlage ausüben können.

Der Gesetzgeber wollte mit diesem Schwellenwert einen Großteil der Kapitalverwaltungsgesellschaften, die Venture Capital Fonds verwalten, sowie kleine Kapitalverwaltungsgesellschaften, die Private Equity Fonds verwalten, vom Anwendungsbereich des KAGB weitestgehend ausnehmen.[37] Bei Private Equity Fonds wird üblicherweise von einer unter dem AIF hängenden Zweckgesellschaft ein Kredit zum Erwerb der Zielgesellschaft aufgenommen, der wiederum von der Zielgesellschaft besichert wird. Nach dem Erwerb des Zielunternehmens verschmilzt dann entweder die Zweckgesellschaft mit der Zielgesellschaft (sog.

[36] Erwägungsgrund Nr. 12 AIFM-VO.

[37] *Tollmann*, in: Dornseifer/Jesch/Klebeck/Tollmann (Hrsg.), AIFM-RL-Kommentar, Art. 3, Rn. 27.

Downstream Merger) beziehungsweise umgekehrt die Zielgesellschaft mit der Zweckgesellschaft (sog. *Upstream Merger*), sodass der für den Unternehmenskauf aufgenommene Kredit und die Vermögenswerte des Zielunternehmens in einer Gesellschaft gebündelt sind, oder die Kreditverbindlichkeiten gehen auf andere Weise auf das Zielunternehmen über, beispielsweise durch eine befreiende Schuldübernahme (sog. *Debt Push Down*).[38] Wie zuvor bereits dargestellt, wird gemäß Art. 6 Abs. 3 S. 2 AIFM-VO der Einsatz von Leverage in der Gruppenstruktur unterhalb des AIF diesem dann nicht zugerechnet, wenn dessen Anlagestrategie im Wesentlichen darin besteht, die Kontrolle über nicht börsennotierte Unternehmen zu erlangen, und dieser nicht für potentielle Verluste aufkommen muss, die seine Beteiligung übersteigen.

8.3.1.2.2 Schwellenwertberechnung des verwalteten Vermögens

Bei der Schwellenwertberechnung der verwalteten Vermögensgegenstände wiederum sind zwei Aspekte zu beachten: Einerseits die Regeln, nach denen die Vermögensgegenstände bewertet werden, und andererseits die AIF, deren Vermögensgegenstände zu berücksichtigen sind.

8.3.1.2.2.1 Bewertung der Vermögensgegenstände

Gemäß Art. 2 Abs. 1 lit. b AIFM-VO finden hinsichtlich der Schwellenwerte nach § 2 Abs. 4 S. 2 Nr. 2 KAGB die nationalen Bewertungsregeln des AIF-Sitzlandes Anwendung, im Falle eines deutschen AIF mangels spezialgesetzlichen Verweises im KAGB mithin grundsätzlich die handelsrechtlichen Buchführungsvorschriften gemäß §§ 252 ff. HGB.

Zu beachten ist jedoch, dass ausnahmsweise aufgrund des Verweises in § 44 Abs. 1 S. 2 KAGB für Investmentgesellschaften[39] die Bewertungsvorschriften nach der Kapitalanlage-Rechnungslegungs- und -Bewertungsverordnung (*KARBV*) gelten. § 44 Abs. 1 S. 2 KAGB verweist auf eine Reihe von Vorschriften zu Investmentgesellschaften im KAGB, die auch für AIF in der Rechtsform einer Investmentgesellschaft gelten, die von einer registrierten Kapitalverwaltungsgesellschaft verwaltet werden. Zwar verweist § 44 Abs. 1 S. 2 KAGB nicht direkt auf die KARBV, jedoch umfasst der Verweis jeweils die Ermächtigungsgrundlage für diese. Ausweislich der Gesetzesbegründung zu §

[38] Siehe hierzu *Diem/Jahn*, Akquisitionsfinanzierungen, S. 307 ff.

[39] Der Begriff der Investmentgesellschaft ist in § 1 Abs. 11 KAGB legal definiert und umfasst Investmentvermögen in der Rechtsform einer Investmentaktiengesellschaft oder Investmentkommanditgesellschaft.

44 Abs. 1 S. 2 KAGB sollen für AIF, die in der Rechtsform einer Investmentgesellschaft aufgelegt werden, auch die jeweiligen Vorschriften für diese Rechtsformen gelten.[40] Hiermit wird folglich der gesetzgeberische Wille zum Ausdruck gebracht, dass die in der KARBV getroffenen Konkretisierungen auch für Investmentgesellschaften von registrierten Kapitalverwaltungsgesellschaften gelten sollen.

8.3.1.2.2.2 Zu berücksichtigende AIF

Zur Vermeidung von Umgehungsmöglichkeiten erfolgt bei der Ermittlung der Schwellenwerte grundsätzlich eine Konzernbetrachtung.[41] Diesem Gedanken folgend ergeben sich daraus die in § 2 Abs. 4 S. 2 Nr. 1 KAGB aufgeführten Konstellationen: Die Kapitalverwaltungsgesellschaft verwaltet AIF entweder direkt oder indirekt über eine Gesellschaft AIF, mit der sie über eine gemeinsame Geschäftsführung, ein gemeinsames Kontrollverhältnis oder durch eine wesentliche (un-)mittelbare Beteiligung verbunden ist. Die Vorschrift umfasst mithin vier verschiedene Fälle, von denen drei eine mittelbare Verwaltung beinhalten. In all diesen Konstellationen werden die einzelnen Vermögensgegenstände der betroffenen AIF bei der Schwellenwertberechnung aggregiert. Eine Zusammenrechnung der Schwellenwerte findet demnach auch dann statt, wenn sich die Kapitalverwaltungsgesellschaft in wesentlichen Teilen in einer anderen, an sich unabhängigen Gesellschaft widerspiegelt. Dies kann, wie das KAGB bereits regelt, über eine gemeinsame Geschäftsführung, eine Kontrolle oder wesentliche Beteiligung der Fall sein. Auf diese Weise soll eine Umgehung des Schwellenwertes für eine Registrierung dergestalt, dass der ganze „Apparat" beziehungsweise „Kopf" der Kapitalverwaltungsgesellschaft in unterschiedliche Gesellschaften gekleidet wird, verhindert werden.

Darüber hinaus spielt es keine Rolle, ob es sich um inländische AIF, EU-AIF oder ausländische AIF handelt. Der Wortlaut von § 2 Abs. 4 S. 2 KAGB spricht dabei lediglich von Spezial-AIF, ohne deren Herkunft einzuschränken.

8.3.1.2.2.3 Anwendbarkeit auf intern verwaltete AIF

Bei der Schwellenwertberechnung nach § 2 Abs. 4 S. 2 Nr. 1 KAGB werden sowohl externe Kapitalverwaltungsgesellschaften als auch intern verwaltete AIF berücksichtigt. Die Formulierung *„… die AIF-Kapitalverwaltungsgesellschaft verwaltet…"* in § 2 Abs. 4 S. 2 Nr. 1 KAGB könnte zwar darauf schließen lassen,

[40] BT-Drucks. 18/1305, S. 46.

[41] *Nelle/Klebeck*, BB 2013, S. 2499 (2501).

dass ausschließlich externe Kapitalverwaltungsgesellschaften von dieser Regelung erfasst sind. Hierbei bleibt aber zu beachten, dass ein intern verwalteter AIF nicht nur ein AIF, sondern gleichzeitig auch immer eine Kapitalverwaltungsgesellschaft ist und mithin stets zwei „Hüte" aufhat. Ist beispielsweise die Geschäftsleitung zweier intern verwalteter AIF identisch, so besteht eine gemeinsame Geschäftsführung bei den beiden AIF und somit auch bei den Kapitalverwaltungsgesellschaften. Es kann hierbei keinen Unterschied machen, ob eine interne oder externe Verwaltung vorliegt. Aufgrund der Personenidentität und der daraus resultierenden Kontrollmöglichkeiten sind beide Gesellschaften als Einheit zu betrachten. Eine unterschiedliche Bewertung von Strukturen mit interner und externer Verwaltung würde daher die Ratio der Vorschrift ignorieren und Umgehungsmöglichkeiten schaffen. Im Rahmen einer teleologischen Auslegung des § 2 Abs. 4 S. 2 Nr. 1 KAGB sind auch die Volumina der intern verwalteten AIF bei der Aggregation innerhalb einer Gruppe zu berücksichtigen.[42]

8.3.1.2.2.4 Beteiligung mehrerer Kapitalverwaltungsgesellschaften

Innerhalb von Konzernstrukturen kann es, etwa aufgrund von Unternehmenskäufen, immer wieder einmal vorkommen, dass es nicht nur eine Kapitalverwaltungsgesellschaft im Konzern gibt, sondern mehrere Kapitalverwaltungsgesellschaften. Dabei kann es sich um erlaubte oder registrierte Kapitalverwaltungsgesellschaften handeln. Ist dann einer der Zurechnungstatbestände des § 2 Abs. 4 S. 2 Nr. 1 KAGB erfüllt, so stellt sich die Frage nach der Zulässigkeit einer solchen Struktur mit mehreren Kapitalverwaltungsgesellschaften. Dies kann selbstverständlich nur dann eine Rolle spielen, wenn aufgrund des Vorliegens eines Zurechnungstatbestands der maßgebliche Schwellenwert nach § 2 Abs. 4 S. 2 Nr. 2 KAGB überschritten ist.

Der Wortlaut des § 2 Abs. 4 S. 2 Nr. 1 KAGB hilft an dieser Stelle nicht weiter; er spricht lediglich von der Kapitalverwaltungsgesellschaft, um deren Registrierung es geht („... *die AIF-Kapitalverwaltungsgesellschaft verwaltet...*"). Die Vorschrift trifft somit keine Regelung zu Konstellationen, bei denen mehrere Kapitalverwaltungsgesellschaften von den Zurechnungstatbeständen erfasst sind.

Vor dem Hintergrund der Ratio einer Konzernbetrachtung, Umgehungsmöglichkeiten der Schwellenwerte zu vermeiden, sind solche Konzernstrukturen, bei denen mehrere Kapitalverwaltungsgesellschaften unter einen Zurechnungstatbestand fallen, im Wege einer teleologischen Auslegung als unzulässig anzusehen.

---

[42] So auch *Verfürth/Emde*, in: Emde/Dornseifer/Dreibus (Hrsg.), KAGB-Kommentar, § 2, Rn. 42; a.A.: *Boxberger*, in: Weitnauer/Boxberger/Anders (Hrsg.), KAGB-Kommentar, § 2, Rn. 25.

Dies betrifft freilich nur Fälle, bei denen mindestens eine registrierte Kapitalverwaltungsgesellschaft beteiligt ist. Eine Gruppenstruktur mit ausschließlich erlaubten Kapitalverwaltungsgesellschaften ist hingegen zulässig. Die Frage nach einer möglichen Umgehung des Schwellenwertes stellt sich dabei nicht.

8.3.1.2.2.5 Rechtsfolge bei Überschreiten des Schwellenwertes

Wird der Schwellenwert gemäß § 2 Abs. 4 S. 2 Nr. 2 KAGB überschritten, so ist zu differenzieren, ob dieser nur vorübergehend oder dauerhaft überschritten wird. Laut Art. 4 Abs. 4 AIFM-VO ist eine Situation nicht nur vorübergehend, wenn sie voraussichtlich länger als drei Monate andauert. Während eine vorübergehende Überschreitung unschädlich ist und nach Art. 4 Abs. 3 AIFM-VO lediglich eine Anzeigepflicht gegenüber der BaFin auslöst, hat die Kapitalverwaltungsgesellschaft der BaFin gemäß Art. 4 Abs. 2 AIFM-VO eine dauerhafte Überschreitung umgehend mitzuteilen und darüber hinaus innerhalb von 30 Kalendertagen eine Zulassung zu beantragen. Ein dauerhaftes Überschreiten der Schwellenwerte löst mithin neben einer Anzeigepflicht zudem die Erlaubnispflicht nach § 20 Abs. 1 S. 1 KAGB aus.

Sind innerhalb einer Gruppenstruktur aufgrund der Zurechnung nach § 2 Abs. 4 S. 2 Nr. 1 KAGB mehrere Kapitalverwaltungsgesellschaften an der Schwellenwertüberschreitung beteiligt, so ist bezüglich der Rechtsfolge dem Wortlaut des Art. 4 Abs. 2 AIFM-VO nichts zu entnehmen, da dieser ebenfalls nur den Fall mit einem beteiligten AIFM regelt. Im Rahmen einer teleologischen Auslegung ist hierbei daher entweder für jede Kapitalverwaltungsgesellschaft eine Erlaubnis zu beantragen oder die Gruppe entsprechend umzustrukturieren, sodass nur noch eine Kapitalverwaltungsgesellschaft existiert und diese dann die Erlaubnis beantragt.

Ein Verstoß gegen die Antragspflicht einer Erlaubnis aus Art. 4 Abs. 2 AIFM-VO stellt das Tätigen eines unerlaubten Investmentgeschäfts im Sinne des § 15 Abs. 1 KAGB dar. In solch einem Fall kann die BaFin gemäß § 15 Abs. 2 KAGB die sofortige Einstellung des Geschäftsbetriebs und die unverzügliche Abwicklung dieser Geschäfte gegenüber dem Unternehmen sowie gegenüber seinen Gesellschaftern und den Mitgliedern seiner Organe anordnen. Zudem ist das Betreiben des Geschäfts einer Kapitalverwaltungsgesellschaft ohne die Erlaubnis gemäß § 339 Abs. 1 Nr. 1 KAGB strafbar. Die Maßnahmen nach § 15 Abs. 2 KAGB sowie die Strafbarkeit nach § 339 Abs. 1 Nr. 1 KAGB richten sich gegen sämtliche beteiligten registrierten Kapitalverwaltungsgesellschaften beziehungsweise deren Geschäftsleiter, da sie alle gegen den Schwellenwert verstoßen haben.

8.3.1.2.3 Ausschließliche Verwaltung von Spezial-AIF

Zur Erfüllung der Voraussetzungen des Registrierungstatbestands gemäß § 2 Abs. 4 S. 2 KAGB darf die Kapitalverwaltungsgesellschaft ausschließlich Spezial-AIF verwalten. Verwaltet sie auch Publikumsinvestmentvermögen, sind die Tatbestandsvoraussetzungen des § 2 Abs. 4 S. 2 KAGB nicht erfüllt. Die Kapitalverwaltungsgesellschaft müsste in solch einem Fall eine Erlaubnis beantragen.

Zur Vermeidung von Umgehungskonstellationen beziehen sich die in § 2 Abs. 4 S. 2 Nr. 1 KAGB aufgeführten Zurechnungstatbestände auch auf die ausschließliche Verwaltung von Spezial-AIF.[43] Insofern gilt auch hier eine Konzernbetrachtung.

Der Begriff des Spezial-AIF ist in § 1 Abs. 6 KAGB legal definiert. Demnach handelt es sich dabei um AIF, deren Anteile aufgrund von in Textform geschlossenen Vereinbarungen mit der Verwaltungsgesellschaft oder aufgrund der konstituierenden Dokumente des AIF nur von professionellen Anlegern und semiprofessionellen Anlegern erworben werden dürfen. Alle übrigen Investmentvermögen, also jene, die auch von Privatanlegern erworben werden können, sind Publikumsinvestmentvermögen.

8.3.1.2.3.1 Professioneller Anleger

Nach § 1 Abs. 19 Nr. 32 KAGB ist ein professioneller Anleger jeder Anleger, der im Sinne von Anhang II der MiFID II als professioneller Kunde angesehen wird, oder auf Antrag als ein professioneller Kunde behandelt werden kann.

Anhang II der MiFID II unterscheidet dabei zwischen geborenen und gekorenen professionellen Kunden. Als geborene professionelle Kunden im Sinne von Ziffer I des Anhang II der MiFID II gelten insbesondere Kreditinstitute, Wertpapierfirmen, Versicherungsunternehmen, Investmentvermögen und ihre Verwaltungsgesellschaften, große Unternehmen, Regierungen sowie internationale und supranationale Einrichtungen.

Gekorene professionelle Kunden im Sinne von Ziffer II des Anhang II der MiFID II gelten nicht per se als professionelle Kunden, können sich unter bestimmten Voraussetzungen aber wie solche behandeln lassen. Hierzu müssen gemäß Ziffer II des Anhang II der MiFID II zwei der drei folgenden Anforderungen erfüllt sein: (1) Der Kunde hat an dem relevanten Markt während der vier vorhergehenden Quartale durchschnittlich pro Quartal 10 Geschäfte von erheblichem Umfang abgeschlossen; (2) das Finanzinstrument-Portfolio des Kunden, das definitionsgemäß Bardepots und Finanzinstrumente umfasst, übersteigt 500.000

---

[43] *Verfürth/Emde*, in: Emde/Dornseifer/Dreibus (Hrsg.), KAGB-Kommentar, § 2, Rn. 41.

Euro; (3) der Kunde ist oder war mindestens ein Jahr lang in einer beruflichen Position im Finanzsektor tätig, die Kenntnisse über die geplanten Geschäfte oder Dienstleistungen voraussetzt.

8.3.1.2.3.2 Semiprofessioneller Anleger

Bei der Kategorie des semiprofessionellen Anlegers handelt es sich um eine Besonderheit des deutschen Rechts. Auf europäischer Ebene kennt die AIFM-RL nur zwei Anlegerkategorien: den professionellen Anleger und den Privatanleger. Hintergrund für die Schaffung einer dritten Kategorie von Anlegern war die Bestrebung des deutschen Gesetzgebers, den potentiellen Anlegerkreis für Spezialfonds zu vergrößern: Anlegern wie Versorgungswerken oder Stiftungen, die zwar regelmäßig an den Voraussetzungen eines professionellen Anlegers scheiterten, aber gleichwohl über ausreichend Erfahrung und finanzielle Mittel verfügten, sollte der Weg zu Spezialfonds nicht versperrt werden.[44]

Die Legaldefinition des semiprofessionellen Anlegers in § 1 Abs. 19 Nr. 33 KAGB enthält vier verschiedene Tatbestände aufgrund derer ein Anleger jeweils als semiprofessioneller Anleger qualifiziert werden kann:

8.3.1.2.3.2.1 Mindestinvestitionssumme und fachliche Expertise

Jeder Anleger, (i) der sich verpflichtet, mindestens 200 000 Euro zu investieren, (ii) der schriftlich in einem vom Vertrag über die Investitionsverpflichtung getrennten Dokument angibt, dass er sich der Risiken im Zusammenhang mit der beabsichtigten Verpflichtung oder Investition bewusst ist, (iii) dessen Sachverstand, Erfahrungen und Kenntnisse die AIF-Verwaltungsgesellschaft oder die von ihr beauftragte Vertriebsgesellschaft bewertet, ohne von der Annahme auszugehen, dass der Anleger über die Marktkenntnisse und -erfahrungen der in Anhang II Abschnitt I der MiFID II genannten Anleger verfügt, (iv) bei dem die AIF-Verwaltungsgesellschaft oder die von ihr beauftragte Vertriebsgesellschaft unter Berücksichtigung der Art der beabsichtigten Verpflichtung oder Investition hinreichend davon überzeugt ist, dass er in der Lage ist, seine Anlageentscheidungen selbst zu treffen und die damit einhergehenden Risiken versteht und dass eine solche Verpflichtung für den betreffenden Anleger angemessen ist, und (v) dem die AIF-Verwaltungsgesellschaft oder die von ihr beauftragte Vertriebsgesellschaft in Textform bestätigt, dass sie die unter (iii) genannte Bewertung vorgenommen hat und die unter (iv) genannten Voraussetzungen gegeben sind.

---

[44] *Volhard/Jang*, DB 2013, S. 273 (274).

Gemäß diesem Tatbestand gilt mithin jener als semiprofessioneller Anleger, der mindestens 200.000 Euro investiert und von Seiten der AIF-Verwaltungsgesellschaft als erfahren und verständig eingestuft wird.

Bei der Mindestinvestitionssumme stellt sich die Frage, ob diese auf einmal bei Erwerb der Anteile gezahlt werden muss oder diese ratenweise beziehungsweise in Form einer Aufstockung erreicht werden kann. Der Wortlaut des § 1 Abs. 19 Nr. 33 lit. a) aa) KAGB („*... sich verpflichtet, mindestens 200.000 Euro zu investieren...*“) alleine betrachtet, legt zunächst nahe, dass auch eine ratenweise Investition möglich sei, um diese Voraussetzung für einen semiprofessionellen Anleger zu erfüllen. Aus der Gesetzesbegründung zu § 1 Abs. 19 Nr. 33 KAGB folgt jedoch, dass die Mindestinvestitionssumme der Regelung des § 2 Nr. 2 lit. c VermAnlG entnommen wurde;[45] diese Vorschrift spricht vom „*Preis jedes angebotenen Anteils*“. Es handelt sich hierbei mithin um eine Zeitpunktbetrachtung. Im Rahmen der Auslegung ergibt sich daher, dass bei der Mindestinvestitionssumme auf das konkrete Investment abzustellen ist. Ein Anleger, der weniger als 200.000 Euro investiert wird auch dann nicht zum semiprofessionellen Anleger, wenn er später auf 200.000 Euro aufstockt.

8.3.1.2.3.2.2 Personen gemäß § 37 Abs. 1 KAGB

Ein in § 37 Abs. 1 KAGB genannter Geschäftsleiter oder Mitarbeiter der AIF-Verwaltungsgesellschaft, sofern er in von der AIF-Verwaltungsgesellschaft verwaltete AIF investiert, oder ein Mitglied der Geschäftsführung oder des Vorstands einer extern verwalteten Investmentgesellschaft, sofern es in die extern verwaltete Investmentgesellschaft investiert.

8.3.1.2.3.2.3 Mindestinvestitionssumme

Jeder Anleger, der sich verpflichtet, mindestens 10 Millionen Euro in ein Investmentvermögen zu investieren.

Hierbei ist auf die Auslegung der Mindestinvestitionssumme von § 1 Abs. 19 Nr. 33 lit. a KAGB zurückzugreifen. Beide Regelungen reflektieren eine Zeitpunktbetrachtung. Der Unterschied besteht lediglich darin, dass § 1 Abs. 19 Nr. 33 lit. a KAGB eine qualitative und quantitative Komponente beinhaltet, während in § 1 Abs. 19 Nr. 33 lit. c KAGB nur eine quantitative Komponente genannt wird. Das im Gesetz geforderte Investitionsvolumen von 10 Millionen Euro ist daher einmalig und nicht ratenweise aufzubringen. Ansonsten könnte, beispielsweise durch das Anbieten von „Sparprogrammen“, automatisch

---

[45] BT-Drucks. 17/12294, S. 204.

die Schwelle zur Qualifizierung als semiprofessioneller Anleger erreicht werden und die gesetzliche Regelung somit unterlaufen werden.

8.3.1.2.3.2.4 Gesellschaft öffentlichen Rechts

Jeder Anleger in der Rechtsform einer Anstalt des öffentlichen Rechts, einer Stiftung des öffentlichen Rechts oder einer Gesellschaft, an der der Bund oder ein Land mehrheitlich beteiligt ist, wenn der Bund oder das Land zum Zeitpunkt der Investition der Anstalt, der Stiftung oder der Gesellschaft in den betreffenden Spezial-AIF investiert oder investiert ist.

8.3.1.2.3.3 Privatanleger

Privatanleger schließlich sind nach § 1 Abs. 19 Nr. 31 KAGB alle Anleger, die weder professionelle noch semiprofessionelle Anleger sind. Indem sämtliche Anleger in Investmentvermögen hiervon erfasst sind, die nicht unter eine der beiden anderen Kategorien fallen, handelt es sich insoweit um eine Negativdefinition.

8.3.1.2.4 Opt-In Befugnis

Gemäß § 2 Abs. 4 S. 2 Nr. 3 KAGB muss die Kapitalverwaltungsgesellschaft beschließen, sich nicht dem KAGB in seiner Gesamtheit zu unterwerfen. Durch diese negative Tatbestandsvoraussetzung bringt der Gesetzgeber zum Ausdruck, dass auch eine an sich registrierungspflichtige Kapitalverwaltungsgesellschaft die Möglichkeit hat, sich dem KAGB insgesamt zu unterwerfen und somit auch von dessen Vorteilen wie dem Vertriebspass zu profitieren. Macht die Kapitalverwaltungsgesellschaft hiervon Gebrauch, so hat sie das nach § 20 KAGB erforderliche Erlaubnisverfahren durchzuführen.[46]

8.3.1.3 Anwendbare Vorschriften

Sofern die Tatbestandsvoraussetzungen des § 2 Abs. 4 S. 2 KAGB erfüllt sind und für die jeweilige Kapitalverwaltungsgesellschaft lediglich eine Registrierungspflicht besteht, sind auf die Kapitalverwaltungsgesellschaft ausschließlich die in § 2 Abs. 4 S. 1 KAGB aufgeführten Vorschriften des KAGB anwendbar. Dabei handelt es sich um allgemeine Vorschriften (unter anderem Begriffsbestimmungen, Ausnahmeregelungen, behördliche Befugnisse und Zusammenwirken verschiedener Behörden), die Definition der Kapitalverwaltungsgesellschaft,

---

[46] So auch *Verfürth/Emde*, in: Emde/Dornseifer/Dreibus (Hrsg.), KAGB-Kommentar, § 2, Rn. 58.

die Registrierung und Berichtspflichten sowie einzelne Verweise im Falle der Darlehensvergabe oder bei Entwicklungsförderungsfonds.

Ist ein von einer registrierten Kapitalverwaltungsgesellschaft verwalteter AIF zudem in der Rechtsform der Investmentaktiengesellschaft oder der Investmentkommanditgesellschaft aufgelegt, so ist der Verweis in § 44 Abs. 1 S. 2 KAGB auf das besondere Gesellschaftsrecht des KAGB zu beachten. Bei der Investmentaktiengesellschaft und der Investmentkommanditgesellschaft handelt es sich um eigenständige Gesellschaftsformen, die sich zwar an der Aktiengesellschaft beziehungsweise der Kommanditgesellschaft orientieren, jedoch auch den aufsichtsrechtlichen Besonderheiten von Investmentvermögen, wie den Anlagebedingungen oder der Differenzierung zwischen Unternehmens- und Anlageaktien, Rechnung tragen. Die Regelungen des AktG beziehungsweise HGB finden daher nur eingeschränkt Anwendung.[47] Entscheidet sich eine registrierte Kapitalverwaltungsgesellschaft dazu, den von ihr verwalteten AIF in eine dieser investmentrechtlichen Sonderformen zu verpacken, so finden folglich auch die entsprechenden Regelungen des KAGB Anwendung.[48] Hinsichtlich der Eigenkapitalanforderungen nach § 25 KAGB ist zwar zu berücksichtigen, dass § 44 Abs. 1 S. 2 KAGB keinen direkten Verweis auf § 25 KAGB enthält, jedoch enthalten die §§ 114 S. 1, 116 Abs. 2 S. 2, 145 S. 1, 130 S. 1, § 133 Abs. 1 S. 2 KAGB, auf die § 44 Abs. 1 S. 2 KAGB wiederum verweist, ihrerseits jeweils Verweise auf die in § 25 KAGB geregelten Kapitalanforderungen für eine Kapitalverwaltungsgesellschaft. Sofern es sich also um eine intern verwaltete Investmentgesellschaft[49] handelt, lässt dies die Frage aufkommen, ob die Eigenmittelvorschriften des § 25 KAGB über den indirekten Verweis auch für registrierte interne Kapitalverwaltungsgesellschaften im Sinne des § 17 Abs. 2 Nr. 2 KAGB gelten. Zu berücksichtigen ist hierbei aber, dass die vorgenannten Vorschriften zu den Investmentgesellschaften dem Wortlaut nach keinen expliziten Verweis auf die von einer intern verwalteten Investmentgesellschaft einzuhaltenden Kapitalanforderungen enthalten. Vielmehr setzen diese Regelungen bereits die Anwendbarkeit der nach § 25 KAGB bestehenden Eigenkapitalvorschriften voraus und enthalten Vorgaben, die deren Einhaltung lediglich flankierend

[47] Vgl. §§ 108 Abs. 2, 124 Abs. 1 S. 2, 140 Abs. 1 S. 2 sowie 149 Abs. 1 S. 2 KAGB.

[48] § 44 Abs. 1 S. 2 KAGB verweist dabei für die Investmentaktiengesellschaft mit veränderlichem Kapital auf die §§ 108 bis 123 KAGB, für die offene Investmentkommanditgesellschaft auf die §§ 124 bis 138 KAGB, für die Investmentaktiengesellschaft mit fixem Kapital auf die §§ 140 bis 148 KAGB und für die geschlossene Investmentkommanditgesellschaft auf die §§ 149 bis 161 KAGB.

[49] Siehe hierzu die Legaldefinition für intern verwaltete Investmentgesellschaften in § 1 Abs. 12 KAGB.

sichern sollen. Der Gesetzgeber hat hier somit offenbar eine intern verwaltete Investmentgesellschaft mit Erlaubnis im Blick gehabt.

Im Rahmen des OGAW V-Umsetzungsgesetzes wurden in § 2 Abs. 4 S. 1 Nr. 4 KAGB des Weiteren Verweise auf Regelungen im Zusammenhang mit der Darlehensvergabe durch AIF beziehungsweise auf deren Rechnung aufgenommen. Betroffen sind hiervon insbesondere Regelungen hinsichtlich des Risiko- und Liquiditätsmanagements der Kapitalverwaltungsgesellschaft aber auch betreffend die Strukturierung der jeweiligen AIF. Der Gesetzgeber wollte aufgrund der Risiken, die mit der Darlehensvergabe durch AIF verbunden sind, die Vorgaben die diesbezüglich für erlaubte Kapitalverwaltungsgesellschaften gelten, auch auf registrierte Kapitalverwaltungsgesellschaften erstrecken.[50]

Schließlich sind auch die in § 44 Abs. 1 geregelten Berichts- und Meldepflichten gegenüber der BaFin und Deutsche Bundesbank zu beachten. Hierdurch soll sichergestellt werden, dass von der Kapitalverwaltungsgesellschaft kein Systemgefährdungspotential ausgeht und damit die Grundlage für eine Befreiung von der Erlaubnispflicht gegeben ist beziehungsweise die BaFin anderenfalls erforderliche Gegenmaßnahmen ergreifen kann.[51]

Die weitgehende Freistellung registrierter Kapitalverwaltungsgesellschaften von den Bestimmungen des KAGB bedeutet insbesondere auch, dass die allgemeinen Verhaltens- und Organisationspflichten in den §§ 26 ff. KAGB nicht zu berücksichtigen sind.[52] Hierzu zählen vor allem auch das Erfordernis der fachlichen Geeignetheit und Zuverlässigkeit der Geschäftsleiter oder ein umfassendes Risiko- und Liquiditätsmanagement sowie Vorkehrungen zur Vermeidung von Interessenkonflikten. Darüber hinaus finden ebenfalls die Anforderungen an eine Verwahrstelle gemäß den §§ 80 ff. KAGB oder die Vertriebsvorschriften der §§ 293 ff. KAGB auf registrierte Kapitalverwaltungsgesellschaften keine Anwendung. Umgekehrt kann sich die registrierte Kapitalverwaltungsgesellschaft aber auch konsequenterweise nicht auf durch das KAGB gewährte Rechte, wie den Vertriebspass nach § 323 KAGB, berufen.

Neben den einschlägigen Regelungen des KAGB sind insbesondere die geldwäscherechtlichen Vorgaben einzuhalten. Neben erlaubten Kapitalverwaltungsgesellschaften gelten auch registrierte Kapitalverwaltungsgesellschaften als Verpflichtete im Sinne des GwG. § 2 Abs. 1 Nr. 9 GwG differenziert nicht

[50] BT-Drucks. 18/6744, S. 41 f.

[51] *Verfürth/Emde*, in: Emde/Dornseifer/Dreibus (Hrsg.), KAGB-Kommentar, § 2, Rn. 60.

[52] Eine Ausnahme hiervon gilt für den Fall der Darlehensgewährung auf Rechnung des AIF: Gemäß § 2 Abs. 4 S. 1 Nr. 4 KAGB sind dann von den allgemeinen Verhaltens- und Organisationspflichten die Vorschriften nach § 26 Abs. 1, 2 und 7 S. 1 KAGB, § 27 Abs. 1, 2 und 5 KAGB, § 29 Abs. 1, 2, 5 und 5a KAGB sowie § 30 Abs. 1 bis 4 KAGB anzuwenden.

zwischen erlaubten und registrierten Kapitalverwaltungsgesellschaften. Damit unterliegen beide vollumfänglich den Pflichten des GwG. Gemäß § 45a Abs. 3 KAGB hat der Abschlussprüfer einer registrierten Kapitalverwaltungsgesellschaft auch zu prüfen, ob diese ihren Verpflichtungen nach dem GwG nachgekommen ist und die geldwäscherechtlichen Bestimmungen beachtet hat. Schließlich kann nach § 44 Abs. 5 S. 1 Nr. 4 KAGB ein schwerwiegender, wiederholter oder systematischer Verstoß gegen die Bestimmungen des GwG auch zur Aufhebung der Registrierung durch die BaFin führen.

8.3.2 Rechtsform der Kapitalverwaltungsgesellschaft

Gemäß § 44 Abs. 1 S. 1 Nr. 6 KAGB muss es sich bei der Kapitalverwaltungsgesellschaft um eine juristische Person oder Personenhandelsgesellschaft handeln.

Bei einer juristischen Person handelt es sich um die Zusammenfassung von Personen oder Sachen zu einer auf Dauer angelegten zweckgebundenen Organisation, der die Rechtsordnung die Rechtsfähigkeit in einem die staatliche Mitwirkung implizierenden Verfahren zuerkannt hat.[53] Die staatliche Mitwirkung besteht dabei entweder in der Eintragung in ein öffentliches Register oder einem Verwaltungsakt in Form der Verleihung beziehungsweise Erlaubnis; durch das Erfordernis eines staatlichen Mitwirkens für die Qualifizierung als juristische Person wird deutlich, dass es sich dabei nicht um einen Komplementärbegriff zur natürlichen Person handelt, der alle mit Rechtssubjektivität versehenen Organisationen umschließt; vielmehr werden hierdurch die Personengesellschaften von juristischen Personen abgegrenzt, die zwar auch vielfach über Rechtssubjektivität verfügen, diese aber unabhängig von einer Registrierung oder Verleihung erlangen.[54] Gemäß ausdrücklichen Gesetzeswortlauts gelten beispielsweise die Aktiengesellschaft nach § 1 S. 1 AktG oder die Gesellschaft mit beschränkter Haftung gemäß § 13 Abs. 1 GmbHG als juristische Personen.

Fraglich erscheint in diesem Kontext, ob auch bereits die Vor-Gesellschaft mit beschränkter Haftung als Kapitalverwaltungsgesellschaft registriert werden kann. Dies kann sinnvoll sein, um die sonst notwendige Änderung des Unternehmensgegenstandes im Handelsregister und den damit verbundenen zeitlichen und finanziellen Aufwand zu sparen. Unternehmensgegenstand einer die Registrierung

[53] BGHZ 25, 134.

[54] *Leuschner*, in: MüKo-BGB, Band 1, Vor § 21, Rn. 1.

beantragenden Gesellschaft kann niemals die Verwaltung von Investmentvermögen sein, da diese Tätigkeit nur im Falle einer Registrierung oder Erlaubnis zulässig ist. Da diese aber erst beantragt wird, hätte dies zur Folge, dass ein unerlaubtes Investmentgeschäft vorliegt. Die Gesellschaft muss daher bei Beantragung der Registrierung zunächst einen Unternehmensgegenstand angegeben, der unter keinem Erlaubnis-/Registrierungsvorbehalt steht. Bei Vorliegen sämtlicher Registrierungsvoraussetzungen erlässt die BaFin dann einen Registrierungsbescheid mit der aufschiebenden Bedingung, dass der Unternehmensgegenstand entsprechend geändert wird. Darf mithin eine Gesellschaft bereits als Vor-Gesellschaft mit beschränkter Haftung einen Registrierungsantrag stellen, so könnte diese nach Erlass des Bescheides durch die BaFin den Unternehmensgegenstand noch vor der Handelsregistereintragung als Gesellschaft mit beschränkter Haftung ändern lassen.

Bei der Vor-Gesellschaft mit beschränkter Haftung handelt es sich um eine Gesellschaft sui generis, auf die bereits das Recht der eingetragenen Gesellschaft mit beschränkter Haftung anzuwenden ist, soweit es nicht die Eintragung der Gesellschaft im Handelsregister voraussetzt.[55] Betreibt die Gesellschaft vor Handelsregistereintragung ein Handelsgewerbe i.S.d. § 1 Abs. 2 HGB, so ist sie eine Personenhandelsgesellschaft, die von § 44 Abs. 1 S. 1 Nr. 6 KAGB ausdrücklich abgedeckt ist. Auch aus Anlegerschutzgesichtspunkten lässt sich keine unterschiedliche Behandlung rechtfertigen: Sowohl bei der Vor-Gesellschaft mit beschränkter Haftung als auch beispielsweise bei einer offenen Handelsgesellschaft, die als klassische Personenhandelsgesellschaft zweifelsfrei eine zulässige Gesellschaftsform wäre, haften die Gesellschafter persönlich. Für die Vor-Gesellschaft mit beschränkter Haftung ergibt sich dies aus § 11 Abs. 2 GmbHG und für die offene Handelsgesellschaft aus § 128 HGB.

8.3.3 Rechtsform des AIF

Mangels Verweises in § 2 Abs. 4 S. 1 KAGB auf die §§ 91 ff. KAGB gelten die dort geregelten Rechtsformerfordernisse grundsätzlich nicht für AIF, die von einer registrierungspflichtigen Kapitalverwaltungsgesellschaft verwaltet werden. Zu beachten sind jedoch die in § 44 Abs. 1 S. 1 Nr. 7 KAGB festgelegten Rechtsformerfordernisse für solche AIF. Demnach darf es sich bei diesen ausschließlich um eine juristische Person oder eine Personenhandelsgesellschaft handeln, bei der persönlich haftender Gesellschafter ausschließlich eine Aktiengesellschaft,

[55] BGHZ 21, 242 (246); *Ulmer/Habersack*, in: GmbHG-Großkommentar, § 11, Rn. 10.

Gesellschaft mit beschränkter Haftung oder eine Kommanditgesellschaft ist, bei der wiederum persönlich haftender Gesellschafter ausschließlich eine Gesellschaft mit beschränkter Haftung ist. Zudem muss in jedem Fall die Nachschusspflicht der Anleger ausgeschlossen sein.

Hierbei erscheint fraglich, wie der Fall zu beurteilen ist, wenn Komplementärin einer Kommanditgesellschaft eine Unternehmergesellschaft ist. Ausweislich der Gesetzesbegründung gilt die Unternehmergesellschaft als Rechtsformvariante der Gesellschaft mit beschränkter Haftung und stellt keine eigene Rechtsform dar.[56] Als Gesellschaft mit beschränkter Haftung ist sie mithin ausdrücklich vom Wortlaut des § 44 Abs. 1 S. 1 Nr. 7 lit. b KAGB umfasst. Zwar könnte man daran denken, dass diese Rechtsform aufgrund des Mindestkapitals von lediglich 1 Euro pro Gesellschafter[57] aus Anlegerschutzgesichtspunkten unzulässig sein könnte. Zu berücksichtigen ist jedoch neben dem Wortlaut die gesetzgeberische Intention des § 44 Abs. 1 S. 1 Nr. 7 KAGB, wonach die Anleger nicht unbegrenzt haften sollen. Ausschlaggebend ist somit einzig die Haftungsbegrenzung der Anleger. Betrachtet man sich zudem den Wortlaut des § 44 Abs. 1 S. 1 lit. b KAGB, so wird ersichtlich, dass die Höhe des Stammkapitals des AIF, welches wiederum für mögliche Haftungsansprüche der Anleger gegen den AIF relevant werden könnte, dabei in Anbetracht der ebenfalls bestehenden Unterschiede zwischen Gesellschaft mit beschränkter Haftung und Aktiengesellschaft[58] keine Rolle spielt.

8.3.4 Berichtspflichten

Die in § 44 Abs. 1 S. 1 Nr. 4 KAGB festgelegten Berichtspflichten der Kapitalverwaltungsgesellschaft gegenüber der BaFin sollen eine effektive Überwachung von Systemrisiken ermöglichen. Demgemäß muss die Kapitalverwaltungsgesellschaft die BaFin regelmäßig über (a) die wichtigsten Instrumente, mit denen sie handelt, (b) die größten Risiken und (c) die Konzentrationen der von ihr verwalteten AIF unterrichten.

Diese Berichtspflichten werden für registrierte Kapitalverwaltungsgesellschaften in Art. 5 Abs. 3 i.V.m. Art. 110 Abs. 1 AIFM-VO konkretisiert. Laut Art. 110 Abs. 1 AIFM-VO erfordert die Unterrichtung über die „*wichtigsten*

[56] BT-Drucks. 16/6140, S. 31.

[57] *Rieder*, in: MüKo-GmbHG, § 5a, Rn. 11.

[58] Für die Gesellschaft mit beschränkter Haftung: 25.000 Euro gemäß § 5 Abs. 1 GmbHG, für die Aktiengesellschaft: 50.000 Euro gemäß § 7 AktG.

Instrumente" eine Aufschlüsselung von Finanzinstrumenten und anderen Vermögenswerten, die Anlagestrategien der AIF sowie deren geographischer und sektoraler Anlageschwerpunkt. Zu den „*größten Risiken*" zählen dabei die Märkte, in denen das Unternehmen Mitglied ist oder die Märkte, in denen es aktiv am Handel teilnimmt. Die „*Konzentrationen der von ihnen verwalteten AIF*" umfassen schließlich Angaben zur Diversifizierung des Portfolios, insbesondere deren größten Engagements und Konzentrationen.

Was unter einer „*regelmäßigen*" Unterrichtung zu verstehen ist, ergibt sich aus Art. 5 Abs. 5 S. 1 AIFM-VO, wonach die für die Registrierung erforderlichen Informationen jährlich aktualisiert und übermittelt werden.

8.4 Vergleich der Tätigkeiten einer erlaubten und einer registrierten Kapitalverwaltungsgesellschaft

Die unterschiedlichen regulatorischen Anforderungen, die der Gesetzgeber an erlaubte und registrierte Kapitalverwaltungsgesellschaften stellt, haben letztlich auch Auswirkungen auf den Umfang der Tätigkeiten, die eine Kapitalverwaltungsgesellschaft ausführen kann.

Im Rahmen der Tätigkeiten einer Kapitalverwaltungsgesellschaft ist zunächst allgemein zwischen der Anlage ihres eigenen Vermögens und der Erbringung von Dienstleistungen oder sonstiger zusätzlicher Tätigkeiten zu differenzieren. Während die Anlage des eigenen Vermögens durch die registrierte Kapitalverwaltungsgesellschaft stets und jene durch die erlaubte Kapitalverwaltungsgesellschaft unter den Voraussetzungen des § 25 Abs. 7 KAGB zulässig ist, gilt für die Erbringung von Dienstleistungen und anderer zusätzlicher Tätigkeiten grundsätzlich § 17 Abs. 1 KAGB.

8.4.1 Grundsatz gemäß § 17 Abs. 1 KAGB

Gemäß § 17 Abs. 1 KAGB ist der Geschäftsbetrieb einer Kapitalverwaltungsgesellschaft auf die Verwaltung von Investmentvermögen gerichtet. Daraus folgt, dass Kapitalverwaltungsgesellschaften grundsätzlich nur die kollektive Vermögensverwaltung erbringen dürfen. Die Erbringung anderer Dienstleistungen oder sonstiger zusätzlicher Tätigkeiten, die in keinem Zusammenhang mit der kollektiven Vermögensverwaltung stehen, ist somit grundsätzlich ausgeschlossen. Eine

Kapitalverwaltungsgesellschaft darf daher auch nicht die Verwaltung von Vermögensanlagen, bei denen es sich nicht um Investmentvermögen im Sinne des § 1 Abs. 1 S. 1 KAGB handelt, übernehmen.

Im Rahmen der Auslegung des § 17 Abs. 1 S. 1 KAGB ist dabei zu berücksichtigen, dass diese Regelung im Wesentlichen aus § 6 Abs. 1 S. 1 InvG übernommen wurde. Dem gesetzgeberischen Willen zufolge umschreibt § 6 Abs. 1 S. 1 InvG den *ausschließlichen Geschäftsgegenstand einer Kapitalanlagegesellschaft* (nunmehr Kapitalverwaltungsgesellschaft).[59] § 6 Abs. 1 S. 1 InvG beschränkte den Geschäftsbereich einer Kapitalanlagegesellschaft dabei auf die Verwaltung inländischen Investmentvermögens und die Erbringung von Dienstleistungen oder Nebendienstleistungen im Sinne von § 7 Abs. 2 InvG (im Wesentlichen in § 20 Abs. 2 beziehungsweise 3 KAGB übernommen). Das dort manifestierte Spezialitätsprinzip dient vor allem der Ansammlung von Spezialwissen und der Prävention von Interessenskonflikten, die möglicherweise auftreten können, wenn die Kapitalverwaltungsgesellschaft noch andere Tätigkeiten betreiben würde.[60]

Mit Einführung des KAGB wurde der Geschäftsbereich der Kapitalverwaltungsgesellschaft durch die Nachfolgenorm des § 6 Abs. 1 S. 1 InvG, § 17 Abs. 1 S. 1 KAGB, noch weiter eingeschränkt. In § 17 Abs. 1 S. 1 KAGB wird fortan nur noch Bezug auf die Verwaltung von Investmentvermögen genommen. Die Erbringung von Dienstleistungen und Nebendienstleistungen nach § 20 Abs. 2 beziehungsweise 3 KAGB wurde gestrichen. Somit dürfen auch diese Dienstleistungen nicht mehr per se von einer Kapitalverwaltungsgesellschaft erbracht werden. Der Geschäftsgegenstand einer Kapitalverwaltungsgesellschaft muss folglich grundsätzlich ausschließlich in der Verwaltung von Investmentvermögen liegen.

Dieser Grundsatz gilt dabei nicht nur für erlaubte Kapitalverwaltungsgesellschaften, sondern auch für jene, die einer Registrierungspflicht unterliegen. Zunächst ist zu berücksichtigen, dass § 17 Abs. 1 KAGB von Kapitalverwaltungsgesellschaften im Allgemeinen spricht, ohne zwischen erlaubten und registrierten Kapitalverwaltungsgesellschaften zu differenzieren. Sodann ist hinsichtlich der registrierten Kapitalverwaltungsgesellschaften, auf die das KAGB nur sehr eingeschränkt Anwendung findet, zu beachten, dass der Registrierungstatbestand des § 2 Abs. 4 KAGB die Vorschrift des § 17 KAGB ausdrücklich für anwendbar erklärt.

[59] BT-Drucks. 15/1553, S. 77.

[60] *Thole*, in: Emde/Dornseifer/Dreibus/Hölscher (Hrsg.), InvG-Kommentar, § 6, Rn. 4.

8.4.2 Ausnahmen nach § 20 Abs. 2 und 3 KAGB

Von dem in § 17 Abs. 1 KAGB statuierten Grundsatz gibt es aber in § 20 Abs. 2 und 3 KAGB Ausnahmen. Danach „*dürfen*" externe Kapitalverwaltungsgesellschaften, die über eine entsprechende Erlaubnis verfügen, „*neben der kollektiven Vermögensverwaltung*" bestimmte Dienst- oder Nebendienstleistungen erbringen.

In welchem Verhältnis die Dienst- und Nebendienstleistungen zur kollektiven Vermögensverwaltung zu stehen haben, lässt sich der jeweiligen Regelung nicht direkt entnehmen. Durch den Wortlaut „*... neben der kollektiven Vermögensverwaltung...*" wird jedoch deutlich, dass die Dienst- und Nebendienstleistungen die Haupttätigkeit der Kapitalverwaltungsgesellschaft, nämlich die kollektive Vermögensverwaltung, nicht in den Hintergrund drängen dürfen. Die Tätigkeiten, welche die Kapitalverwaltungsgesellschaft neben der kollektiven Vermögensverwaltung erbringt, darf demnach hinsichtlich Arbeitsaufwands und Umfangs des verwalteten Fondsvolumens nicht hinter dem Hauptgegenstand des unternehmerischen Handelns der Kapitalverwaltungsgesellschaft zurückstehen und sollte daher ein 50/50-Verhältnis nicht überschreiten.

Dieses Privileg, neben der kollektiven Vermögensverwaltung weitere bestimmte Dienst- und Nebendienstleistungen erbringen zu dürfen, gilt jedoch nur für Kapitalverwaltungsgesellschaften, die eine Erlaubnis nach § 20 Abs. 1 KAGB besitzen. Es gilt hingegen nicht für solche mit einer Registrierung gemäß § 44 KAGB. Dies ergibt sich aus dem Wortlaut des § 15 Abs. 1 KAGB, wonach ein unerlaubtes Investmentgeschäft unter anderem auch dann vorliegt, wenn neben der kollektiven Vermögensverwaltung die in § 20 Abs. 2 oder 3 KAGB aufgeführten Dienstleistungen oder Nebendienstleistungen ohne die Erlaubnis nach §§ 20, 21 oder 22 KAGB erbracht werden.[61] Darüber hinaus spricht auch die Gesetzessystematik für eine Beschränkung der Ausnahmetatbestände in § 20 Abs. 2 und 3 KAGB auf erlaubte Kapitalverwaltungsgesellschaften: Zum einen werden diese unter der Vorschrift zur Erlaubnispflicht von Kapitalverwaltungsgesellschaften aufgeführt. Zum anderen fehlt im Registrierungstatbestand nach § 2 Abs. 4 KAGB, der unter anderem festlegt, welche Vorschriften des KAGB Anwendung finden, ein Verweis auf § 20 Abs. 2 und 3 KAGB oder eine entsprechende eigenständige Regelung. Hätte der Gesetzgeber diese Ausnahmen auch für registrierte Kapitalverwaltungsgesellschaften anwenden wollen, hätte er diese Regelungen bei dem Registrierungstatbestand erneut aufgeführt oder einen entsprechenden Verweis auf die Regelungen in § 20 KAGB aufgenommen. Im Gegensatz zu erlaubten Kapitalverwaltungsgesellschaften gelten die

[61] Vgl. BT-Drucks. 17/13395, S. 403.

Ausnahmeregelungen des § 20 Abs. 2 und 3 KAGB daher nicht für registrierte Kapitalverwaltungsgesellschaften.

8.4.3 Gleichzeitige Erlaubnis nach § 32 KWG

Eine Erlaubnis für die Erbringung von Bankgeschäften oder Finanzdienstleistungen nach § 32 KWG neben einer Erlaubnis oder Registrierung nach dem KAGB ist nicht zulässig.

Wie sich bereits aus § 17 Abs. 1 S. 1 KAGB ergibt, darf eine Kapitalverwaltungsgesellschaft ausschließlich die kollektive Vermögensverwaltung erbringen. Verfügt die Kapitalverwaltungsgesellschaft über eine Erlaubnis, darf sie darüber hinaus ausnahmsweise auch die in § 20 Abs. 2 und 3 KAGB aufgeführten Dienstleistungen und Nebendienstleistungen erbringen.

Dieses Verständnis spiegelt sich auch im KWG wider: Gemäß der Bereichsausnahme des § 2 Abs. 1 Nr. 3 lit. b KWG beziehungsweise § 2 Abs. 6 Nr. 5 lit. a KWG gelten Kapitalverwaltungsgesellschaften nicht als Kreditinstitut beziehungsweise Finanzdienstleistungsinstitut und fallen nicht in den Anwendungsbereich des KWG, sofern sie nur die kollektive Vermögensverwaltung oder daneben ausschließlich die in § 20 Abs. 2 und 3 KAGB aufgeführten Dienstleistungen oder Nebendienstleistungen betreiben.

Das KWG spricht an diesen Stellen allgemein von Kapitalverwaltungsgesellschaften, ohne zwischen erlaubnispflichtigen und registrierungspflichtigen zu differenzieren. Die Bereichsausnahmen gelten damit aufgrund des eindeutigen Wortlautes für erlaubte und registrierte Kapitalverwaltungsgesellschaften gleichermaßen.

Zumindest aber dürfen sowohl erlaubte als auch registrierten Kapitalverwaltungsgesellschaften im Namen der von ihnen verwalteten AIF die ureigenste aller Tätigkeiten von Kreditinstituten erbringen, die Darlehensgewährung. Gemäß § 20 Abs. 9 KAGB[62] dürfen AIF-Kapitalverwaltungsgesellschaften im Rahmen der kollektiven Vermögensverwaltung Darlehen vergeben. Dabei haben sie unter anderem im Rahmen des Risikomanagements besondere Anforderungen zu beachten, die sich an jene der Bankenaufsicht orientieren und kreditspezifische Risiken adressieren.

---

[62] Im Fall von AIF, die von einer registrierten Kapitalverwaltungsgesellschaft verwaltet werden, findet § 20 Abs. 9 KAGB über einen Verweis in § 2 Abs. 4 S. 1 Nr. 4 KAGB Anwendung.

8.4.4 Ausnahmen für Unternehmensbeteiligungsgesellschaften

Eine weitere Ausnahme zu dem Grundsatz gemäß § 17 Abs. 1 KAGB sieht das Gesetz bei einer Kapitalverwaltungsgesellschaft vor, die gleichzeitig eine Unternehmensbeteiligungsgesellschaft im Sinne von § 1a UBGG ist. Das UBGG und das KAGB stehen grundsätzlich nebeneinander. Nur dort, wo es zu Überschneidungen kommt, trifft das UBGG Regelungen, welchem Gesetz der Vorrang einzuräumen ist. Dies bedeutet, dass eine Kapitalverwaltungsgesellschaft, die gleichzeitig auch eine Unternehmensbeteiligungsgesellschaft ist, neben dem Erwerb, Halten, Verwalten und Veräußern von Unternehmensbeteiligungen[63] unter anderem auch Gesellschafterdarlehen vergeben[64], Kredite aufnehmen und Genussrechte sowie Schuldverschreibungen begeben darf.[65] Dies gilt unabhängig davon, ob die Unternehmensbeteiligungsgesellschaft registrierungspflichtig oder erlaubnispflichtig ist, oder es sich bei der Unternehmensbeteiligungsgesellschaft um eine externe oder interne Kapitalverwaltungsgesellschaft handelt.

8.4.5 Zwischenergebnis

Erlaubte Kapitalverwaltungsgesellschaften unterliegen im Vergleich zu registrierten Kapitalverwaltungsgesellschaften einer wesentlich umfangreicheren und strengeren Regulierung. Dies spiegelt sich auch in ihrem zulässigen Handlungsspielraum wider. Im Gegensatz zu den registrierten Kapitalverwaltungsgesellschaften, die ausschließlich die kollektive Vermögensverwaltung nach § 17 Abs. 1 KAGB erbringen dürfen, ist es erlaubten Kapitalverwaltungsgesellschaften gestattet, zusätzlich die in § 20 Abs. 2 bis 5 KAGB aufgeführten Nebendienstleistungen zu erbringen.

8.5 Zwischenergebnis

Der Anwendungsbereich des KAGB ist entsprechend des Anwendungsbereichs der AIFM-RL sehr weit gefasst. Auf diese Weise wollte der Gesetzgeber regulatorische Lücken schließen und möglichen Umgehungsversuchen entgegenwirken.

[63] Vgl. § 2 Abs. 2 UBGG.

[64] Vgl. § 3 Abs. 2 UBGG.

[65] Vgl. § 3 Abs. 4 UBGG.

Für die Verwaltung von Investmentvermögen gilt der Grundsatz der Erlaubnispflicht, an den umfangreiche Anforderungen geknüpft sind. Im Falle einer ausnahmsweise registrierungspflichtigen Kapitalverwaltungsgesellschaft bestehen ungleich geringere Anforderungen, sodass die Kapitalverwaltungsgesellschaft von erheblichen Erleichterungen profitiert. Andererseits hat die rudimentäre Regulierung registrierter Kapitalverwaltungsgesellschaften zur Folge, dass sie neben der kollektiven Vermögensverwaltung keine weiteren Dienstleistungen erbringen dürfen, anders als erlaubte Kapitalverwaltungsgesellschaften.

Vor dem Hintergrund der geringen Regulierung stellt sich die Frage, ob Registrierungen auch einen innovationsfördernden Effekt haben oder lediglich niederschwellige Finanzierungsmöglichkeiten für Start-up-Unternehmen darstellen. Innovationsförderung als Ziel der Registrierung hatte der europäische Gesetzgeber wohl eher nicht im Sinn. Zumindest enthalten die Erwägungsgründe der AIFM-RL keinen entsprechenden Hinweis auf eine solche gesetzgeberische Intention.

9 Entwicklung der Registrierung in der Praxis

Neben der dogmatischen Einordnung der Registrierung im KAGB ist die Entwicklung der Registrierung in der Praxis ein weiterer wesentlicher Baustein. Hierzu eignet sich ein Blick auf die Zahlen zu den Registrierungsanträgen, die bei der BaFin in den vergangenen Jahren seit Einführung der Registrierung im KAGB eingegangen sind. Sie geben Aufschluss darüber, wie die Registrierung von Kapitalverwaltungsgesellschaften über die Jahre hinweg vom Markt angenommen wurde und tragen somit dazu bei, das Bild von der Registrierung zu komplettieren und ein umfassendes Verständnis zu vermitteln.

Nachfolgende Tabelle enthält Daten zu den Registrierungen seit deren Einführung in 2013. Die Daten hierzu stammen aus den jeweiligen Jahresberichten der BaFin.[1] In der Tabelle ist zunächst die Gesamtzahl der jeweils im entsprechenden Jahr registrierten Kapitalverwaltungsgesellschaften aufgeführt. Zusätzlich enthält sie noch Angaben dazu, wie viele Kapitalverwaltungsgesellschaften im jeweiligen Jahr neu registriert wurden und wie viele Kapitalverwaltungsgesellschaften ihre Registrierung zurückgaben. Schließlich ist in der Tabelle noch angegeben, wie viele der Kapitalverwaltungsgesellschaften, die ihre Registrierung zurückgaben, dies taten, um eine Erlaubnis zu erhalten.

(Fortsetzung)

[1] Die Jahresberichte der BaFin sind abrufbar unter: https://www.bafin.de/DE/PublikationenDaten/Jahresbericht/jahresbericht_node.html (letzter Abruf: 14.08.2025).

J. Lorenz, *Finanzinnovationen im Investmentfondsbereich und Regulierung unter dem Kapitalanlagegesetzbuch*, https://doi.org/10.1007/978-3-658-51864-6_9

(Fortsetzung)

Registrierungen:				
Jahr	Gesamt	Neu	Rückgabe	Wechsel zur Erlaubnis
Registrierungen[2]:				
Jahr	Gesamt	Neu	Rückgabe	Wechsel zur Erlaubnis
2013	20	20	---	---
2014	143	123	---	---
2015	218	74	---	---
2016	260	50	8	2
2017	314	52	12	2
2018	379	71	6	1
2019	404	49	24	1
2020	431	48	21	---
2021	476	70	25	---
2022	523	85	38	---
2023	540	54	37	---
2024	551	29	18	---

Die vorstehend aufgeführten Daten zeigen, dass die Gesamtzahl der Registrierungen seit ihrer Einführung im KAGB in 2013 stets gestiegen ist. Es gab jährlich um die 50 neue Registrierungen, in manchen Jahren sogar deutlich mehr. Die Rückgabe von Registrierungen hingegen lag seit 2016 in den ersten Jahren um die zehn, in den letzten Jahren bei 20 bis 25. In der Praxis erfreut sich die Registrierung mithin großer Beliebtheit. Der kontinuierliche Anstieg an Registrierungen kann überdies auch als Beleg dafür gewertet werden, dass der Wegfall der übrigen Registrierungstatbestände neben jenem nach § 2 Abs. 4 KAGB nicht mit einem Bedeutungsverlust der Registrierung einhergeht. So ist die Gesamtzahl der Registrierungen sowohl nach 2016 mit dem Wegfall des Registrierungstatbestandes nach § 2 Abs. 4b KAGB durch das OGAW V-Umsetzungsgesetz als auch nach 2021 mit dem Wegfall der Registrierungstatbestände nach § 2 Abs. 4a und Abs. 5 KAGB weiterhin angestiegen.

[2] Dieser Statistik werden die jährlichen Gesamtzahlen der registrierten Kapitalverwaltungsgesellschaften gemäß dem jeweiligen Jahresbericht der BaFin zugrunde gelegt. Hierbei ist jedoch zu beachten, dass diese Angaben seit 2015 rein rechnerisch nicht mehr mit den jeweiligen Zu- und Abgängen übereinstimmen. Für gegenständliche Zwecke sind diese Abweichungen jedoch unschädlich, da diese Statistik lediglich einen Trend veranschaulichen soll.

Neben der konstant steigenden Gesamtzahl an Registrierungen ist jedoch auch auffällig, dass nur äußerst wenige Kapitalverwaltungsgesellschaften von einer Registrierung zu einer Erlaubnis gewechselt sind. Einen solchen Wechsel gab es insgesamt lediglich viermal; zweimal in 2017 und jeweils einmal in 2018 und 2019.

Ergebnis 10

Der Strukturwandel infolge der globalen Finanzmarktkrise 2008/2009 verlagerte den regulatorischen Schwerpunkt auf die Akteure der Finanzmärkte und deren Tätigkeiten.

Dies hatte auch Auswirkungen auf den Investmentfondsbereich. Der europäische Gesetzgeber hatte den Anwendungsbereich der AIFM-RL und mithin die Definition eines AIF und seines Verwalters sehr weit gefasst. Dadurch wurde ein erheblicher Teil des sog. Grauen Kapitalmarktes einer Regulierung unterworfen. Um jedoch nicht in Gefahr einer Überregulierung zu laufen, schaffte der europäische Gesetzgeber unter anderem das Konstrukt der Registrierung, welches erhebliche Erleichterungen für solche AIFM bedeutet, die aufgrund ihres geringen Volumens an verwaltetem Vermögen keine Gefahr für die Finanzstabilität darstellen und somit nur einer sehr eingeschränkten Aufsicht bedürfen. Im Rahmen der Umsetzung der AIFM-RL in nationales Recht hat der deutsche Gesetzgeber die Möglichkeit einer Registrierung schließlich in das KAGB übernommen. Das reduzierte Aufsichtsregime einer registrierten Kapitalverwaltungsgesellschaft hat aber auch zur Folge, dass deren Handlungsspielraum erheblich kleiner ist als bei jener einer erlaubten Kapitalverwaltungsgesellschaft, die einer umfassenden Regulierung unterliegt. Registrierte Kapitalverwaltungsgesellschaften sind auf die Tätigkeit der kollektiven Vermögensverwaltung beschränkt. Erlaubte Kapitalverwaltungsgesellschaften hingegen dürfen darüber hinaus noch diverse andere Nebendienstleistungen erbringen, die der registrierten Kapitalverwaltungsgesellschaft untersagt sind.

Seit der gesetzlichen Einführung der Registrierung ist die Gesamtzahl der Registrierungen stets gestiegen. Im Vergleich zu der hohen Gesamtzahl an registrierten Kapitalverwaltungsgesellschaften sind jedoch sehr wenige von diesen zu

J. Lorenz, *Finanzinnovationen im Investmentfondsbereich und Regulierung unter dem Kapitalanlagegesetzbuch*, https://doi.org/10.1007/978-3-658-51864-6_10

einer Erlaubnis gewechselt, sodass dies Zweifel aufwirft, ob und gegebenenfalls inwieweit sich der Registrierungstatbestand des § 2 Abs. 4 KAGB als Testphase für eine Kapitalveraltungsgesellschaft eignet, um ein neues Investmentvermögen auf dem Markt auszutesten, bevor eine entsprechende Erlaubnis beantragt wird. Alternativ könnte ein neben § 2 Abs. 4 KAGB neu zu schaffender Registrierungstatbestand in Form einer Experimentierklausel, der speziell auf solch eine Testphase zugeschnitten ist, eine Möglichkeit bieten, im Rahmen von Reallaboren innovative Geschäftsmodelle oder Produkte zu testen.

Teil III
Reallabore im Investmentfondsbereich

Nachdem sowohl das Konzept des Reallabors als auch die Rechtsfigur der Registrierung im Bereich der Investmentfondsaufsicht jeweils für sich genommen ausführlich diskutiert worden sind, werden diese beiden Konstrukte im Folgenden zueinander in Relation gesetzt.

Kern dieser Diskussion wird sein, inwieweit ein Reallabor für den Investmentfondsbereich von Vorteil sein könnte. In diesem Kontext ist näher zu untersuchen, ob sich ein Reallabor überhaupt in das Aufsichtsregime von Investmentvermögen und Kapitalverwaltungsgesellschaften sinnvoll integrieren lässt und inwieweit möglicherweise Experimentierklauseln erforderlich sein könnten.

Darauf aufbauend ist der Frage nachzugehen, wie sich das Konstrukt des Reallabors zu der Rechtsfigur der Registrierung verhält. Beide Konstrukte weisen gewisse Ähnlichkeiten auf, sodass sich an dieser Stelle eine Gegenüberstellung anbietet.

Schließlich ist noch der Aspekt der Eignung eines Reallabors für den Investmentfondsbereich zu prüfen. Dabei empfiehlt sich ein Blick auf die Anlegerstruktur von Investmentvermögen einerseits sowie das Investitionsverhalten von Kapitalverwaltungsgesellschaften andererseits.

11 Möglichkeit der Integration von Reallaboren

Zunächst ist zu klären, ob und gegebenenfalls inwieweit sich der Einsatz eines Reallabors innerhalb des Investmentaufsichtsrecht realisieren ließe. Neben den unterschiedlichen Regulierungsebenen, die als Anknüpfungsmoment für ein Reallabor in Betracht kommen, ist zudem auf den potentiellen Bedarf an Reallaboren sowie das mögliche Erfordernis von Experimentierklauseln und die Implikationen europarechtlicher Vorgaben näher einzugehen.

11.1 Regulierungsebenen im KAGB

Das Investmentaufsichtsrecht nach dem KAGB hat in den Kapitalverwaltungsgesellschaften und den Investmentvermögen seine beiden Hauptakteure. Als mögliche Anknüpfungsmomente für ein Reallabor im Rahmen der Investmentfondsaufsicht kommen daher grundsätzlich zwei Regulierungsebenen in Betracht, namentlich die Verwaltungsebene und die Produktebene. Während die erste Regulierungsebene die Verwaltung durch Kapitalverwaltungsgesellschaften zum Gegenstand hat, betrifft letztere die Regulierung der Investmentvermögen selbst. Beide Ebenen werden im Folgenden näher darstellt.

11.1.1 Fondsverwaltung

Mit Blick auf die Kapitalverwaltungsgesellschaften regelt das KAGB neben den Zulassungs beziehungsweise Registrierungsvoraussetzungen vor allem auch

J. Lorenz, *Finanzinnovationen im Investmentfondsbereich und Regulierung unter dem Kapitalanlagegesetzbuch*, https://doi.org/10.1007/978-3-658-51864-6_11

allgemeine Verhaltens- und Organisationspflichten, wie zum Beispiel die Anforderungen an das Risiko- und Liquiditätsmanagement oder den Umgang mit Anlegern oder möglichen Interessenkonflikten. Diese Regelungen sind im KAGB abstrakt als Rahmenbedingungen formuliert. Zwar werden sie durch Verordnungen weiter konkretisiert, die abstrakte Ebene wird jedoch auch hierbei nicht verlassen.

Zur besseren Veranschaulichung dient nachstehendes Beispiel der gesetzlichen Anforderungen für das Liquiditätsmanagement: § 30 KAGB verlangt vom Liquiditätsmanagement einer Kapitalverwaltungsgesellschaft im Wesentlichen, dass es für jedes einzelne von ihr verwaltete Investmentvermögen angemessen ist. Die Kapitalverwaltungsgesellschaft hat nach § 30 Abs. 1 S. 2 KAGB Verfahren festzulegen, die es ihr ermöglichen, die Liquiditätsrisiken der Investmentvermögen zu überwachen, sowie zu gewährleisten, dass sich das Liquiditätsprofil der Anlagen des Investmentvermögens mit den zugrundeliegenden Verbindlichkeiten des Investmentvermögens deckt. Darüber hinaus hat die Kapitalverwaltungsgesellschaft gemäß § 30 Abs. 3 KAGB zu gewährleisten, dass die Anlagestrategie, das Liquiditätsprofil und die Rücknahmegrundsätze eines jeden von ihr verwalteten Investmentvermögens übereinstimmen. Die Artikel 46 bis 49 AIFM-VO konkretisieren diese Anforderungen zwar, beschreiben aber lediglich Ziele, die durch diese Vorgaben erreicht werden sollen. So hat die Kapitalverwaltungsgesellschaft demzufolge nachzuweisen, dass sie über ein angemessenes Liquiditätssystem und wirksame Verfahren verfügt, die unter anderem sicherstellen, dass (a) das von ihr verwaltete Investmentvermögen eine den zugrundeliegenden Verbindlichkeiten angemessene Liquiditätshöhe beibehält und (b) die Kapitalverwaltungsgesellschaft angemessene Liquiditätsmessvorkehrungen und –verfahren umsetzt und aufrecht erhält, um die quantitativen und qualitativen Risiken von Positionen und beabsichtigten Investitionen zu bewerten.

Wie das Beispiel des Liquiditätsmanagements aufzeigt, verfolgt die Regulierung der Kapitalverwaltungsgesellschaften einen prinzipienorientierten Ansatz.

Hintergrund für diesen Ansatz ist die Heterogenität des Investmentfondsbereichs. Es gibt Kapitalverwaltungsgesellschaften in den unterschiedlichsten Größen und eine Fülle an Arten von Investmentvermögen, die diese verwalten können. Dabei können Investmentvermögen je nach Anlagestrategie diverse Risiken eingehen,[1] die zudem unterschiedlich stark ausgeprägt sein können. Dies hat zur Folge, dass die Anforderungen an die Kapitalverwaltungsgesellschaften, insbesondere im Hinblick auf deren Organisation, teils erheblich variieren. Je

[1] Zu nennen wären hier als die gängigsten Risiken: das Liquiditätsrisiko, das Marktpreisrisiko oder das Kontrahentenrisiko.

nach Risikoklassifizierung ergeben sich andere Maßstäbe, die es zu beachten gilt, und die daher einer flexiblen Ausgestaltung der regulatorischen Anforderungen bedürfen.

Ein weiterer Aspekt des prinzipienorientierten Ansatzes ist der Proportionalitätsgrundsatz. Dieser kommt beispielsweise im Rahmen des Liquiditätsmanagements durch das Erfordernis der Angemessenheit zum Ausdruck. Gemäß § 30 Abs. 1 S. 1 KAGB muss die Kapitalverwaltungsgesellschaft über ein angemessenes Liquiditätsmanagementsystem für jedes von ihr verwaltete Investmentvermögen verfügen.[2] Der Begriff der Angemessenheit bedeutet in diesem Kontext, dass die Organisation des Liquiditätsmanagements abhängig ist von der Natur, Größe und Komplexität des Investmentvermögens und nicht außer Verhältnis stehen darf.[3]

Der prinzipienorientierte Ansatz bei der Regulierung der Kapitalverwaltungsgesellschaften bietet den Kapitalverwaltungsgesellschaften somit ein großes Maß an Flexibilität und ausreichend Raum, um bei der Umsetzung der gesetzlichen Anforderungen auf die jeweiligen Gegebenheiten eingehen zu können, und verzichtet auf konkrete gesetzliche Vorgaben. Verwaltet eine Kapitalverwaltungsgesellschaft beispielsweise Investmentvermögen mit großen Anlagevolumina, die komplexe und risikoreiche Anlagestrategien verfolgen, so werden die Anforderungen an deren Liquiditätsmanagement höher sein, um dem Angemessenheitserfordernis zu genügen, als dies bei der Verwaltung eines kleineren, risikoärmeren Investmentvermögens der Fall wäre. Je nach Natur, Größe und Komplexität der von der Kapitalverwaltungsgesellschaft verwalteten Investmentvermögen und den damit einhergehenden Risiken ergeben sich folglich unterschiedliche Anforderungen, die unter Wahrung der Verhältnismäßigkeit im Rahmen der Organisation der Kapitalverwaltungsgesellschaft zu berücksichtigen sind.

11.1.2 Investmentvermögen

Bei der Aufsicht über Investmentvermögen ist zwischen Publikumsinvestmentvermögen und Spezialinvestmentvermögen zu differenzieren, da sie unterschiedlichen Aufsichtsansätzen unterliegen.

---

[2] Dies gilt nicht für geschlossene Investmentvermögen, für die kein Leverage eingesetzt wird.

[3] *Herresthal*, in: Weitnauer/Boxberger/Anders (Hrsg.), KAGB-Kommentar, § 30, Rn. 4; *Steck/Schmidt/Stockhorst*, in: Emde/Dornseifer/Dreibus (Hrsg.), KAGB-Kommentar, § 30, Rn. 6.

11.1.2.1 Publikumsinvestmentvermögen

Publikumsinvestmentvermögen richten sich an das gesamte Anlegerpublikum, mithin auch an Privatanleger, und unterliegen daher mit Blick auf den Anlegerschutz einer strengen Regulierung mit detaillierten Vorgaben. Durch die gesetzliche Implementierung von Mindeststandards soll ein hohes Schutzniveau für Privatanleger sichergestellt werden.[4] Bei Publikumsinvestmentvermögen wird zwischen verschiedenen Arten von Investmentvermögen differenziert, die alle eigenen Regularien unterliegen (OGAW, Sonstige Sondervermögen, Gemischte Investmentvermögen, Dach-Hedgefonds, Immobilien-Sondervermögen, Infrastruktur-Sondervermögen und geschlossene Publikumsinvestmentvermögen)[5]. Dabei gibt es für jede Art von Publikumsinvestmentvermögen einen *Numerus clausus* an zulässigen Vermögensgegenständen, die von diesen erworben werden dürfen, sowie konkrete Anlage- und Emittentengrenzen.

Diese detaillierten Regulierungsvorgaben lassen sich am Beispiel des OGAW besonders gut veranschaulichen: Diese dürfen gemäß § 192 S. 1 KAGB nur die in den §§ 193 bis 198 KAGB dargestellten Vermögensgegenstände erwerben. Die Liste der dort aufgeführten Vermögensgegenstände ist abschließend.[6] Sie können folglich ausschließlich Wertpapiere, Geldmarktinstrumente, Bankguthaben, Investmentanteile, Derivate und sonstige Anlageinstrumente erwerben. Bei den sonstigen Anlageinstrumenten nach § 198 KAGB handelt es sich um eine Öffnungsklausel, nach der bis zu 10 % des inländischen OGAW in bestimmte eigentlich unzulässige Vermögensgegenstände investiert werden dürfen.[7] Darüber hinaus regeln die §§ 206 bis 209 KAGB diverse Emittentengrenzen, die bei einem OGAW in Bezug auf die für ihn zulässigen Anlagen zu beachten sind. Daneben gibt es schließlich auch einige Verbote, die für OGAW gelten; zu nennen sind hier insbesondere das Leerverkaufsverbot nach § 205 KAGB sowie das Verbot der Darlehensvergabe für OGAW beziehungsweise auf deren Rechnung gemäß § 20 Abs. 8 KAGB.

---

[4] *Eckhold*, in: Assmann/Schütze/Buck-Heeb (Hrsg.), Handbuch des Kapitalanlagerechts, § 20, Rn. 45; *Jakovou*, in: Langenbucher/Bliesner/Spindler (Hrsg.), Bankrechts-Kommentar, 39. Kapitel, Rn. 22.

[5] Hierbei handelt es sich lediglich um die im KAGB geregelten Arten von Investmentvermögen. Der europäische Gesetzgeber hat mittels Verordnungen noch weitere Arten von Investmentvermögen reguliert: EuVECA, EuSEF und ELTIF sowie Geldmarktfonds).

[6] *Hartrott*, in: Weitnauer/Boxberger/Anders (Hrsg.), KAGB-Kommentar, § 192, Rn. 7; *München/Czok/Wanger*, in: Assmann/Wallach/Zetzsche (Hrsg.), KAGB-Kommentar, § 192, Rn. 14.

[7] *Höring*, in: Frankfurter Kommentar zum KAGB, Teilband 2, § 192, Rn. 4; *V. Rom*, in; Baur/Tappen/Mehrkhah/Behme (Hrsg.), Investmentgesetze, § 192, Rn. 6.

11.1.2.2 Spezialinvestmentvermögen

Anders als bei Publikumsinvestmentvermögen ist bei Spezialinvestmentvermögen die Regulierung aufgrund der fehlenden Schutzbedürftigkeit der Anleger weitaus großzügiger gestaltet, mit weniger Vorgaben und mehr Gestaltungsfreiheit.

Hinsichtlich der Vermögenswerte, in die ein Spezialinvestmentvermögen investieren kann, ist im Grundsatz lediglich zu beachten, dass deren Verkehrswert ermittelt werden kann;[8] es gibt keinen *Numerus clausus.*

Der Anlegerschutz spielt im Spezialfondsbereich eine untergeordnete Rolle. Während Publikumsinvestmentvermögen für alle Arten von Anlegern, also auch Privatanlegern, zugänglich sind, sind Spezialinvestmentvermögen ausschließlich professionellen Anlegern und semi-professionellen Anlegern, also solchen, die professionellen Anlegern gleichgestellt sind, vorbehalten.[9] Hierbei handelt es sich um Anleger, die über die notwendige Erfahrung und Fachkenntnis verfügen, um eigene Investitionsentscheidungen treffen und die damit verbundenen Risiken einschätzen zu können; in der Regel sind dies Banken und Versicherungsunternehmen.[10] Sie begegnen der Kapitalverwaltungsgesellschaft, die das jeweilige Investmentvermögen verwaltet, auf Augenhöhe und haben konkrete Vorstellungen über das konkrete Fondsprodukt, in das sie investieren wollen. Ein besonderer Schutz dieser Anleger durch das Gesetz ist, im Gegensatz zu Privatanlegern, nicht erforderlich, sodass Spezialinvestmentvermögen im Vergleich zu Publikumsinvestmentvermögen über ein erheblich geringeres Schutzniveau verfügen.[11]

11.1.2.3 Zwischenergebnis

Auf Ebene der Investmentvermögen ergeben sich gravierende Unterschiede zwischen den Regulierungsansätzen von Publikumsinvestmentvermögen und Spezialinvestmentvermögen. Während Publikumsinvestmentvermögen detaillierten Regelungen unterliegen, ist das Regulierungsniveau bei den Spezialinvestmentvermögen sehr niedrig, da bei Privatanlegern, im Gegensatz zu professionellen und semiprofessionellen Anlegern, ein wesentlich höheres Schutzbedürfnis besteht. Die daraus resultierende Regulierungsdichte im Publikumsfondsbereich hat somit zur Folge, dass aufgrund des sehr eng gezogenen Regulierungskorsetts

---

[8] Für offene Spezialinvestmentvermögen siehe § 282 Abs. 2 S. 1 KAGB und für geschlossene Spezialinvestmentvermögen § 285 Abs. 1 KAGB.

[9] Siehe § 1 Abs. 6 KAGB.

[10] Siehe hierzu näher die Ausführungen oben in Abschnitt 8.3.1.2.3.

[11] So auch *Thomas*, in: Emde/Dornseifer/Dreibus (Hrsg.), KAGB-Kommentar, § 285, Rn. 1.

kaum ein Gestaltungsspielraum bleibt. Bei den Spezialinvestmentvermögen hingegen spielt der Anlegerschutz eine untergeordnete Rolle. Sie unterliegen daher auch nur wenigen Regelungen und Formvorgaben. Dies ermöglicht ihnen somit ein großes Maß an Flexibilität bei ihrer Ausgestaltung.

11.2 Bedarf an Reallaboren

Nachstehend wird nunmehr der Frage nachgegangen, ob und gegebenenfalls inwieweit überhaupt grundsätzlich Bedarf an dem Einsatz von Reallaboren im Investmentfondsbereich besteht. Hierbei ist zwischen den beiden Regulierungsebenen zu differenzieren, die jeweils als Anknüpfungsmoment für ein Reallabor in Betracht kommen. Diese werden im Folgenden hinsichtlich eines potentiellen Bedarfs für Reallabore untersucht.

11.2.1 Verwaltungsebene

Wie oben bereits aufgezeigt wurde, verfolgt die Regulierung von Kapitalverwaltungsgesellschaften einen prinzipienorientierten Ansatz, der ihnen viel Flexibilität und Gestaltungsspielraum bietet, sodass von regulatorischer Seite ausreichend Raum für Innovationen gegeben ist.

Hinzu kommt, dass Innovationen im Bereich der Verwaltung von Investmentvermögen, sprich bei der kollektiven Vermögensverwaltung,[12] nur im Rahmen der internen Verfahren in Betracht kommen, zum Beispiel durch den Einsatz von KI für eine Optimierung der Portfoliozusammensetzung.[13] Änderungen bei den internen Prozessabläufen benötigen aber kein eigenes Reallabor, in dem Innovationen getestet werden. Vielmehr ist es den Kapitalverwaltungsgesellschaften möglich, solche Innovationen parallel zu den bereits aufgesetzten und etablierten Abläufen im Hintergrund durchlaufen zu lassen. Auf diese Weise können Kapitalverwaltungsgesellschaften entsprechende Innovationen unter realen Bedingungen testen, ohne zusätzliche Risiken einzugehen.

Im Ergebnis lässt sich folglich festhalten, dass der Mehrwert eines Reallabors für die Verwaltung von Investmentvermögen äußerst gering wäre. Dieser

[12] Zum Begriff der kollektiven Vermögensverwaltung siehe Legaldefinition in § 1 Abs. 19 Nr. 24 KAGB.

[13] Innovationen in Form von neuen Produkten sind Gegenstand der Produktregulierung und werden weiter unten diskutiert.

würde sich allenfalls im Austausch mit der für die Kapitalverwaltungsgesellschaft zuständigen Aufsichtsbehörde erschöpfen und wäre im Wesentlichen beschränkt auf die Klärung der Frage, ob sich durch die jeweilige Innovation etwas an den regulatorischen Anforderungen für die Kapitalverwaltungsgesellschaft ändern würde. Für solch einen Erkenntnisgewinn bedarf es jedoch keines Reallabors. Es wäre ausreichend, diesbezüglich an die für die jeweilige Kapitalverwaltungsgesellschaft zuständige Aufsichtsbehörde heranzutreten, die jeweilige Innovation vorzustellen und mögliche regulatorische Konsequenzen dieser Innovation zu diskutieren.

11.2.2 Produktebene

Ein Bedarf an Reallaboren könnte jedoch gegeben sein, wenn Kapitalverwaltungsgesellschaften ein neues Produkt in Form eines Investmentvermögens testen wollen. Auch an dieser Stelle gebietet sich bei Betrachtung der Produktebene aufgrund des unterschiedlichen Regulierungsansatzes ein differenzierter Blick auf Publikumsinvestmentvermögen einerseits und Spezialinvestmentvermögen andererseits.[14] Publikumsinvestmentvermögen unterliegen aufgrund des Anlegerschutzes einer strengen Regulierung mit genauen Vorgaben. Die daraus resultierende Regulierungsdichte ermöglicht kaum Gestaltungsspielräume. Bei Spezialinvestmentvermögen agieren Anleger und Kapitalverwaltungsgesellschaft weitgehend auf Augenhöhe, sodass diese weitaus weniger schutzbedürftig sind als Privatanleger. Sie unterliegen daher auch nur wenigen Regelungen und haben folglich viel Flexibilität bei der Ausgestaltung. Durch ihren geringen Regulierungsgrad sind Spezialinvestmentvermögen daher zwar wesentlich innovationsfreundlicher als Publikumsinvestmentvermögen. Gleichwohl könnten Kapitalverwaltungsgesellschaften mithilfe eines Reallabors neuartige Investmentvermögen sowohl im Publikumsfondsbereich als auch im Spezialfondsbereich gleichermaßen unter realen Bedingungen vor deren eigentlicher Markteinführung auf die mit ihnen verbundenen Chancen und Risiken testen. Es besteht somit bei beiden Arten von Investmentvermögen grundsätzlich ein gewisses Bedürfnis für den Einsatz von Reallaboren.

[14] Siehe hierzu oben Abschnitt 11.1.2.

11.2.3 Zwischenergebnis

Der Bedarf für ein Reallabor im Rahmen der Verwaltung von Investmentvermögen auf Ebene der Kapitalverwaltungsgesellschaften ist vorliegend nicht erkennbar. Mögliche Innovationen, die an Verfahrensabläufe ansetzen, können auch parallel zu den bereits bestehenden Abläufen im Hintergrund getestet werden, ohne sich eines Reallabors bedienen zu müssen. Auf Produktebene ist hingegen sowohl im Publikumsfondsbereich als auch im Spezialfondsbereich ein gewisser Bedarf an Reallaboren erkennbar, um Chancen und Risiken vor Markteinführung des Investmentvermögens unter realen Bedingungen zu testen. Im Folgenden wird daher ausschließlich die Produktebene für einen möglichen Einsatz von Reallaboren betrachtet.

11.3 Erfordernis von Experimentierklauseln

Neben dem grundsätzlichen Bedarf, ein Reallabor im Investmentfondsbereich zu etablieren, stellt sich des Weiteren die Frage, ob dies mit gesetzlichen Instrumenten de lege lata bereits umsetzbar wäre oder aber eine Experimentierklausel erfordert. Vor allem der Erlaubnisvorbehalt für das Betreiben eines Investmentgeschäfts durch eine Kapitalverwaltungsgesellschaft sowie der *Numerus clausus* der Vermögensgegenstände bei Publikumsinvestmentvermögen schränken den Gestaltungsspielraum für das Testen neuartiger Produkte in Form von Investmentvermögen erheblich ein.

11.3.1 Erlaubnisvorbehalt

In den Mittelpunkt der Diskussion tritt hierbei zunächst der gesetzlich geregelte Erlaubnisvorbehalt, wonach das Betreiben eines Investmentgeschäfts grundsätzlich der Erlaubnis durch die BaFin bedarf.[15]

Besitzt eine Kapitalverwaltungsgesellschaft, die ein neues Produkt in Form eines Investmentvermögens testen will, bereits eine Erlaubnis und ist das zu testende Produkt vom Umfang dieser Erlaubnis abgedeckt, so wäre der Einsatz eines Reallabors für eine Testung dieses Produkts, zumindest mit Blick auf den Erlaubnisvorbehalt, de lege lata durchaus möglich.

[15] Siehe § 20 Abs. 1 KAGB.

Das Erfordernis einer Experimentierklausel für Reallabore bei Investmentvermögen könnte jedoch insbesondere dann zum Tragen kommen, wenn entweder neugegründete Verwaltungsgesellschaften, die noch keine Investmentvermögen verwalten und mithin keine Erlaubnis oder Registrierung besitzen, ein neues Produkt in Form eines Investmentvermögens testen wollen, oder aber bei Kapitalverwaltungsgesellschaften, die zwar eine Erlaubnis besitzen, das zu testende Investmentvermögen aber von dieser nicht umfasst ist, sodass eine Erlaubniserweiterung erforderlich wäre. In solchen Fällen wäre eine Ausnahme vom Erlaubnisvorbehalt durchaus förderlich. Das innovative Investmentvermögen könnte auf diese Weise in einem geschützten Raum unter realen Bedingungen getestet werden, ohne zunächst ein aufwendiges und kostenintensives Erlaubnisverfahren durchlaufen zu müssen.

Zu beachten ist in diesem Zusammenhang aber, dass der Erlaubnisvorbehalt auf europäische Rechtsnormen[16] zurückgeht. Jene Regelungen im KAGB, welche die AIFM-RL oder OGAW-RL umsetzen, können nicht durch nationale Vorschriften abbedungen oder modifiziert werden. Insoweit ist der Vorrang des Unionsrechts zu beachten, der sich auf das Primär- und Sekundärrecht bezieht, und damit auch auf europäische Richtlinien.[17] Dem Unionsrecht wird dabei ein Anwendungsvorrang gegenüber nationalem Recht eingeräumt, sodass nationale Regelungen, die mit Unionsrecht kollidieren, zwar nicht ihre Gültigkeit verlieren, jedoch nicht angewendet werden können.[18]

Würde demnach in Deutschland ein Reallabor zur Testung von Innovationen bei Investmentvermögen etabliert werden, das mittels Experimentierklausel für die jeweilige Kapitalverwaltungsgesellschaft im Rahmen des Reallabors eine Befreiung vom Erlaubnisvorbehalt für das Betreiben des Investmentgeschäfts vorsieht, würde diese Regelung mit dem in Art. 6 Abs. 1 AIFM-RL beziehungsweise Art. 5 Abs. 1 OGAW-RL auf europäischer Ebene festgelegten Erfordernis einer Erlaubnis kollidieren und käme folglich nicht zur Anwendung. Eine Befreiung vom europarechtlich geregelten Erlaubnisvorbehalt für das Betreiben des Investmentgeschäfts durch nationale Regelung ist somit nicht möglich, auch nicht im Rahmen eines Reallabors. Hierfür bedürfte es einer entsprechenden europäischen Regelung.

---

[16] Siehe Art. 6 Abs. 1 AIFM-RL beziehungsweise Art. 5 Abs. 1 OGAW-RL.

[17] *Schroeder*, in: Streinz (Hrsg.), EUV/AEUV-Kommentar, Art. 288 AEUV, Rn. 36; *Ruffert*, in: Calliess/Ruffert (Hrsg.), EUV/AEUV-Kommentar, Art. 1 AEUV, Rn. 20.

[18] *Ruffert*, in: Calliess/Ruffert (Hrsg.), EUV/AEUV-Kommentar, Art. 1 AEUV, Rn. 18; *Nettesheim*, in: Grabitz/Hilf/Nettersheim (Hrsg.), Das Recht der Europäischen Union, Band I, Art. 288 AEUV, Rn. 53.

11.3.2 Numerus clausus der Vermögensgegenstände

Auch der im KAGB gesetzlich festgeschriebene *Numerus clausus* der Vermögensgegenstände, der für Publikumsinvestmentvermögen zwingend zu beachten ist, könnte eine Experimentierklausel für neuartige Produkte in Form eines Investmentvermögens, zumindest im Publikumsfondsbereich, erforderlich machen.

Während Spezialinvestmentvermögen hinsichtlich möglicher Anlagen kaum gesetzlichen Restriktionen unterliegen[19] und somit diesbezüglich weitreichende Gestaltungsmöglichkeiten bestehen, sind Publikumsinvestmentvermögen auf die für sie per Gesetz als zulässig deklarierten Vermögensgegenstände beschränkt.[20] Das KAGB regelt abschließend die für Publikumsinvestmentvermögen zulässigen Anlagen. Demnach sind Reallabore de lege lata in diesem Bereich nur möglich, sofern das zu testende Produkt ausschließlich in Vermögensgegenstände investiert, die gemäß KAGB als zulässig erachtet werden. Soll jedoch mittels Anlagestrategie des zu testenden Investmentvermögens in andere, neuartige Vermögensgegenstände investiert werden, so wäre hierfür eine Experimentierklausel erforderlich, die es gestatten würde, im Rahmen des Reallabors von dem *Numerus clausus* der Vermögensgegenstände abzuweichen.

An dieser Stelle ist wiederum der Vorrang des Unionsrechts gegenüber dem nationalen Recht zu berücksichtigen und somit zwischen OGAW und AIF zu differenzieren. Der Anwendungsvorrang des Unionsrechts wird nämlich vor allem mit Blick auf OGAW relevant, da die OGAW-RL neben Regelungen zur Verwaltungsgesellschaft auch Produktvorgaben enthält. Bei OGAW beruht daher auch der *Numerus clausus* der zulässigen Vermögensgegenstände auf der OGAW-RL. Dieser ist durch die §§ 193 bis 198 KAGB in nationales Recht umgesetzt worden. Von diesen Regelungen kann damit nicht durch nationales Recht abgewichen werden. Sie sind mithin zwingend einzuhalten. Eine Investition in andere Vermögensgegenstände als jene, die in den §§ 193 bis 198 KAGB aufgeführt sind, ist folglich nicht möglich.

Anders sieht dies hingegen bei AIF aus. Die AIFM-RL reguliert zwar den AIFM, nicht aber den AIF. Die Produktregulierung ist den europäischen Mitgliedsstaaten überlassen. Sie basiert mithin nicht auf europäischen Normen, sondern unterliegt rein nationalen Regelungen. Der Vorrang des Unionsrechts steht folglich einer Experimentierklausel auf nationaler Ebene, die im Rahmen eines Reallabors zum Zwecke der Testung eines neuartigen Produkts in Form

---

[19] Spezialinvestmentvermögen können in sämtliche Anlagen investieren, sofern deren Wert ermittelt werden kann; siehe oben: Abschnitt 11.1.2.2.

[20] Siehe oben: Abschnitt 11.1.2.1.

eines Publikums-AIF Ausnahmen zum gesetzlich festgelegten *Numerus clausus* der Vermögensgegenstände erlauben würde, nicht entgegen.

11.4 Zwischenergebnis

Der Einsatz von Reallaboren lässt sich grundsätzlich auch auf Produktebene in den Investmentfondsbereich integrieren.

Im registrierten Bereich ist ein Reallabor sogar ohne Experimentierklausel de lege lata praktisch möglich. Im erlaubten Bereich ist hingegen zwischen Publikumsinvestmentvermögen und Spezialinvestmentvermögen zu differenzieren. Während bei Letzteren Reallabore de lege lata grundsätzlich umsetzbar wären, erscheinen bei Publikumsinvestmentvermögen, die als AIF zu qualifizieren sind, Experimentierklauseln hinsichtlich einer Ausnahmeregelung vom *Numerus clausus* der Vermögensgegenstände durchaus sinnvoll. Im Falle von OGAW wäre eine diesbezügliche Experimentierklausel aufgrund des Vorrangs des Unionsrechts wiederum nicht möglich.

Zu berücksichtigen bleibt jedoch auch, dass der Erlaubnisvorbehalt für das Betreiben des Investmentgeschäfts zwingend einzuhalten ist und nicht durch eine nationale Experimentierklausel abbedungen werden kann. Der Erlaubnisvorbehalt beruht auf europarechtlichen Vorgaben und kann folglich wegen des Vorrangs des Unionsrechts nicht durch nationale Vorschriften abbedungen werden. Dies hat zur Folge, dass Reallabore dann nicht möglich sein werden, wenn entweder neu gegründete Kapitalverwaltungsgesellschaften, die über keine Erlaubnis oder Registrierung verfügen, ein neues Produkt in Form eines Investmentvermögens vor ihrer Markteinführung testen wollen, oder wenn die Kapitalverwaltungsgesellschaft zwar über eine Erlaubnis verfügt, der Umfang dieser Erlaubnis jedoch nicht das zu testende Produkt umfasst. Reallabore sind daher nur bei bereits registrierten oder erlaubten Kapitalverwaltungsgesellschaften möglich – und bei erlaubten Kapitalverwaltungsgesellschaften auch nur dann, wenn das zu testende Produkt durch den Erlaubnisumfang abgedeckt ist.

Ein Erlaubnisverfahren ist äußerst zeit- und kostenintensiv mit einer hohen Regulierungsdichte, die es nach Erlaubniserteilung zu beachten gilt. Registrierungsverfahren hingegen sind wesentlich unkomplizierter und günstiger, da nur sehr wenige Regelungen einzuhalten sind. Als Ausnahme zur Erlaubnis sind Registrierungen zwar nur für kleine Gesellschaften möglich, dies dürfte jedoch gerade bei neu gegründeten Gesellschaften wie Startup-Unternehmen kein Hindernis sein. Im Gegensatz zur Erlaubnis stellt somit ein Registrierungsverfahren für neu gegründete Gesellschaften einen gangbaren Weg dar, um ein Reallabor zu Testzwecken einer Innovation nutzen zu können.

12 Reallabor und Registrierung: eine Gegenüberstellung

Nachdem nunmehr festgestellt wurde, dass es grundsätzlich möglich ist, Reallabore in das Investmentaufsichtsrecht zu integrieren, stellt sich daran anschließend die Frage, wie sich das Konzept des Reallabors zur Rechtsfigur der Registrierung verhält, da beide, zumindest prima facie, gewisse Ähnlichkeiten aufweisen.

Wie bereits diverse Modelle für Reallabore zeigen, sind im Rahmen von Reallaboren auch aufgrund von Experimentierklauseln begrenzte Zulassungen möglich. Damit verbunden sind gewisse Erleichterungen im Vergleich zu einer regulären Zulassung außerhalb des Reallabors. Ähnlich ist dies bei der Registrierung; auch hier entfallen, verglichen mit einer Erlaubnis, diverse regulatorische Anforderungen.

Schaut man jedoch genauer hin, ergeben sich gravierende Unterschiede zwischen beiden Konstrukten, vor allem mit Blick auf deren Telos. Ein Reallabor dient der Testung von Innovationen und ist somit zeitlich sowie räumlich begrenzt. Im Kern geht es darum, die Chancen und Risiken der zu testenden Innovation zu identifizieren und besser zu verstehen. Das Ziel von Reallaboren ist daher letztlich die Förderung von Innovationen am Markt. Eine Registrierung hingegen ist Ausdruck des Proportionalitätsgrundsatzes und soll kleineren Kapitalverwaltungsgesellschaften, von denen keine Risiken für die Finanzstabilität ausgehen, keine übermäßige Regulierung aufbürden. Sie unterliegt zwar einer Begrenzung hinsichtlich des von der Kapitalverwaltungsgesellschaft verwalteten Fondsvolumens und des Anlegerkreises, nicht aber einer zeitlichen oder räumlichen Begrenzung. Reallaboren und Registrierungen liegen unterschiedliche Konzeptionen zugrunde und verfolgen jeweils eine völlig andere Zielrichtung.

J. Lorenz, *Finanzinnovationen im Investmentfondsbereich und Regulierung unter dem Kapitalanlagegesetzbuch*, https://doi.org/10.1007/978-3-658-51864-6_12

Die unterschiedliche Ausgestaltung beider Konstrukte verdeutlicht, dass sie nicht zueinander in Konkurrenz stehen oder Reallabore gar durch die Rechtsfigur der Registrierung für den Investmentfondsbereich obsolet sind. Das Gegenteil ist vielmehr der Fall: Die Registrierung ermöglicht aufgrund ihrer geringen regulatorischen Anforderungen und der flexiblen Gestaltungsmöglichkeiten einen leichteren Zugang für Kapitalverwaltungsgesellschaften zu Reallaboren. Insbesondere auch vor dem Hintergrund, dass auf nationaler Ebene keine Erleichterungen bei den Erlaubnisverfahren durch eine etwaige Experimentierklausel möglich sind, könnten Registrierungen für Kapitalveraltungsgesellschaften einen Türöffner zu Reallaboren darstellen. So könnten beispielsweise Startup-Unternehmen zunächst übergangsweise eine Registrierung beantragen und im Reallabor Testungen durchführen, ohne sogleich die umfangreichen Voraussetzungen und Folgepflichten, die mit einer Erlaubnis verbunden sind, erfüllen zu müssen. Aufgrund der hohen und komplexen Anforderungen für eine Erlaubnis, ist deren Umsetzung nicht nur sehr zeitintensiv, sondern verursacht auch erhebliche Kosten. Weder den Zeitaufwand noch die entstehenden Kosten können sich Startup-Unternehmen in der Regel leisten. Bei erfolgreichen Testverläufen und ausreichend Wachstum können sie anschließend eine Erlaubnis beantragen und ihr Geschäft weiter ausbauen.

13 Eignung eines Reallabors

Schlussendlich stellt sich die Frage, ob ein Reallabor tatsächlich für den Investmentfondsbereich geeignet ist und einen Beitrag zur Förderung von Finanzinnovationen sowie zu einer ausgewogenen Regulierung leisten könnte.

Wie oben bereits dargestellt, erscheint ein Reallabor lediglich auf Produktebene sinnvoll. Mit Blick auf Investmentvermögen lohnt es sich daher, die Anlegerstruktur und das Investitionsverhalten von Investmentvermögen näher zu betrachten.

13.1 Anlegerstruktur

Die Anlegerstruktur bei Investmentvermögen weist erhebliche Unterschiede auf je nachdem, ob es sich um ein Publikums- oder Spezialinvestmentvermögen handelt. Es gebietet sich somit eine differenzierte Betrachtungsweise. Die Strukturen von Publikums- und Spezialinvestmentvermögen werden im Folgenden mithin separat beleuchtet.

J. Lorenz, *Finanzinnovationen im Investmentfondsbereich und Regulierung unter dem Kapitalanlagegesetzbuch*, https://doi.org/10.1007/978-3-658-51864-6_13

13.1.1 Publikumsinvestmentvermögen

Investmentvermögen im Allgemeinen kommt am Kapitalmarkt eine große Bedeutung zu. So verwalten Investmentvermögen in der EU insgesamt 13,7 Billionen Euro.[1] Dabei ist Deutschland mit einem Vermögen von fast vier Billionen Euro der mit Abstand größte Fondsmarkt in der EU.[2] Eine wesentliche Rolle spielen in diesem Zusammenhang auch die Privatanleger. Sie stellen unter den Anlegern nach Versicherungsunternehmen und Pensionsfonds die größte Anlegergruppe bei Investmentvermögen innerhalb der EU dar (25,9 % der Anteile an Investmentvermögen in der EU).[3] Investmentvermögen sind für Privatanleger eine wichtige Investitionsmöglichkeit. Ende 2023 wurden 12,9 % der Investitionen von Privatanlegern am Kapitalmarkt in der EU in Investmentvermögen getätigt.[4]

Schaut man sich die Struktur von Publikumsinvestmentvermögen an, fällt auf, dass diese, im Gegensatz zu Spezialinvestmentvermögen, nach oben zahlenmäßig nicht begrenzt sind.[5] Ihre Aufgabe ist es, die Gelder einer Vielzahl natürlicher Personen zu bündeln, um diese ihrerseits wieder am Kapitalmarkt anzulegen.[6] Charakteristisch für Publikumsinvestmentvermögen ist dabei, dass sie „von der Stange" sind und für eine breite Masse aufgelegt werden.[7] Privatanleger beteiligen sich in der Regel mit kleinen Anlagevolumina an Investmentvermögen.[8] Das typische Kleinanlegersegment, in dem sich Privatanleger ohne nähere Kapitalmarktexpertise und ohne ausreichende finanzielle Reserven an Investmentvermögen beteiligen, beschränkt sich typischerweise auf Beträge zwischen 10.000 Euro und 100.000 Euro.[9]

Unter Berücksichtigung des Gebots des Anlegerschutzes und vor dem Hintergrund des allgemeinen Konzepts eines Reallabors zur Testung von Innovationen

---

[1] EFAMA, Fact Book, S. 63.

[2] BVI, abrufbar unter: https://www.bvi.de/ueber-die-branche/deutschland-groesster-fondsmarkt-der-eu/#:~:text=Fondsverm%C3%B6gen%20von%20Anlegern%20in%20der%20EU&text=Deutschland%20ist%20mit%20einem%20Verm%C3%B6gen,8%2C1%20Prozent%20pro%20Jahr. (letzter Abruf: 27.03.2025).

[3] EFAMA, Fact Book, S. 63.

[4] EFAMA, Fact Book, S. 66.

[5] *Rosenthal*, in: Wassermeyer, Doppelbesteuerung-Kommentar, Art. 3 DBA-AU, Rn. 31.

[6] *Benicke*, Wertpapiervermögensverwaltung, S. 35.

[7] *Fünger*, ZfgK 2015, S. 834.

[8] Deutsche Bundesbank, Monatsbericht, Januar 2013, S. 13 (23).

[9] *Schwarz van Berk*, in: Pöllath/Rodin/Wewel (Hrsg.), Private Equity und Venture Capital Fonds, § 18, Rn. 2.

in einem geschützten und begrenzten Raum erscheint ein Reallabor für Publikumsinvestmentvermögen im Ergebnis wenig geeignet.

Reallabore dienen in erster Linie zu Versuchszwecken von Innovationen unter möglichst realen Bedingungen. Um jederzeit ohne größere Risiken und Kosten nachjustieren zu können, finden solche Testungen folglich in einem relativ kleinen Rahmen statt. Publikumsinvestmentvermögen werden aber für eine breite Masse aufgelegt und auch entsprechend konzipiert. Ihre typische Wirkung entfaltet sich somit regelmäßig erst im Rahmen des Massengeschäfts und nicht bereits bei einer Testung im kleinen und beschränkten Anlegerkreis. Damit kommt den Ergebnissen in einem Reallabor allenfalls eine sehr eingeschränkte Aussagekraft zur Massentauglichkeit des getesteten Produkts zu.

Darüber hinaus spielt im Publikumsfondsbereich gerade der Anlegerschutz eine tragende Rolle. Die Testungen innerhalb des Reallabors erfolgen zwar unter weitgehend realen Bedingungen, jedoch innerhalb bestimmter, mit der jeweiligen zuständigen Aufsichtsbehörde vereinbarter Parameter. Diesbezüglich sind auch, soweit Verbraucher betroffen sind, verbraucherschützende Sicherheitsvorkehrungen zu treffen. Gerade bei Publikumsinvestmentvermögen handelt es sich um ein Produkt, dass sich primär an Privatanleger und mithin an Verbraucher richtet. Diese verfügen jedoch typischerweise weder über die entsprechende fachliche Expertise noch über ein ausreichendes finanzielles Gewicht, um der Kapitalverwaltungsgesellschaft auf Augenhöhe zu begegnen. Aus diesem Grunde unterliegen Publikumsinvestmentvermögen auch einer strengen Regulierung mit detaillierten Vorgaben, die ein hohes Schutzniveau sicherstellen soll.

13.1.2 Spezialinvestmentvermögen

Charakteristikum von Spezialinvestmentvermögen ist der begrenzte Anlegerkreis sowie der enge Austausch zwischen den Anlegern und der Kapitalverwaltungsgesellschaft. Der Zugang zu ihnen ist ausschließlich professionellen und semi-professionellen Anlegern vorbehalten und die Anlagestrategie auf deren spezifischen Anlagepräferenzen zugeschnitten.[10] Es handelt sich somit in der Regel um kein Massenprodukt von der Stange, sondern um ein speziell auf die Bedürfnisse der jeweiligen Anleger ausgerichtetes und maßgeschneidertes Produkt. Kapitalverwaltungsgesellschaft und Anleger arbeiten im Rahmen der kollektiven Vermögensverwaltung eng zusammen; die Anlagepolitik wird zumeist nicht allein von der Kapitalverwaltungsgesellschaft festgelegt, sondern erfolgt in

[10] Deutsche Bundesbank, Monatsbericht, Januar 2013, S. 13 (14).

enger Abstimmung mit den Anlegern.[11] Anlegerschutz spielt bei Spezialinvestmentvermögen kaum eine Rolle. Professionelle und semi-professionelle Anleger sind in der Regel weniger schutzbedürftig als Privatanleger, da sie wegen der Größe des anzulegenden Vermögens sowie ihrer fachlichen Expertise in der Lage sind, ihre Interessen bei Vertragsschluss sowie der anschließenden Durchführung des Vertrags wahrzunehmen.[12]

Mit Blick auf die Anlegergruppe erscheinen Spezialinvestmentvermögen grundsätzlich als geeignet für den Einsatz von Reallaboren. Weder Anlegerschutzerwägungen noch eine personenmäßige Begrenzung der Probanden für die Testung eines innovativen Produkts stehen dem entgegen.

13.1.3 Zwischenergebnis

Publikumsinvestmentvermögen eignen sich grundsätzlich nicht für den Einsatz von Reallaboren zur Testung neuer Produkte. Hiergegen sprechen sowohl Aspekte des Anlegerschutzes als auch die Konzeption von Publikumsinvestmentvermögen als ein für die breite Masse geschaffenes Produkt. Anders sieht dies hingegen bei Spezialinvestmentvermögen aus. Aufgrund ihres sehr begrenzten Anlegerkreises und der äußerst geringen Bedeutung des Anlegerschutzes bestehen hinsichtlich der Anlegerstruktur von Spezialinvestmentvermögen keine Bedenken an dem Einsatz von Reallaboren. Nachstehende Ausführungen beziehen sich somit ausschließlich auf Spezialinvestmentvermögen, Publikumsinvestmentvermögen bleiben außen vor.

13.2 Investitionsverhalten

Wie bereits konstatiert wurde, unterfallen Spezialinvestmentvermögen mangels der Schutzbedürftigkeit von potentiellen Anlegern nur eingeschränkt einer staatlichen Regulierung. Dies gilt insbesondere mit Blick auf mögliche Investitionen.

---

[11] *Schäfer/Sethe/Lang*, in: Schäfer/Sethe/Lang (Hrsg.), Handbuch der Vermögensverwaltung, § 1, Rn. 61; *Benicke*, Wertpapiervermögensverwaltung, S. 35.

[12] *Benicke*, Wertpapiervermögensverwaltung, S. 36.

Sie können die unterschiedlichsten Anlagestrategien verfolgen. Dem Anlagespektrum sind dabei kaum Grenzen gesetzt. Lediglich der Verkehrswert der Vermögensgegenstände muss ermittelt werden können.[13]

13.2.1 Gängige Anlagestrategien

Trotz der großen Bandbreite an Anlagemöglichkeiten, die sich Spezialinvestmentvermögen bieten, weisen Statistiken eindeutig auf eine Präferenz für die klassischen Anlagen hin. So sind ca. 87 % des gesamten Fondsvermögens von offenen inländischen Spezialinvestmentvermögen in Wertpapiere, sprich Aktien, Anleihen oder Anteile an anderen Investmentvermögen, investiert.[14] Ungefähr 55 % der offenen inländischen Spezialinvestmentvermögen setzen bei ihrem Anlageschwerpunkt auf eine diversifizierte Portfoliozusammenstellung, indem sie sämtliche Wertpapierarten gleichermaßen berücksichtigen.[15] Neben Wertpapieren als Anlageschwerpunkt gibt es auch noch nennenswerte 9 % an offenen inländischen Spezialinvestmentvermögen, die ihren Fokus auf Investitionen in Immobilien oder Immobiliengesellschaften legen.[16]

13.2.2 Innovative Anlagestrategien

Neben den klassischen und immer noch weit verbreiteten Anlagestrategien gibt es aber auch Investmentvermögen, die ihren Fokus auf Investitionen in innovative Anlagen legen. Zu nennen sind hier insbesondere Kryptowerte und *Market Making* Strategien.

13.2.2.1 Kryptowerte

Kryptowerte kamen erstmals 2009 durch die Kryptowährung namens Bitcoin auf den Markt.[17] Durch das Finanzmarktdigitalisierungsgesetz, das am 30.12.2024 in Kraft getreten ist, ist der Begriff des Kryptowerts nunmehr auch in § 1 Abs. 19 Nr. 24a KAGB legal definiert. Demnach handelt es sich bei einem Kryptowert

[13] Ausgenommen hiervon sind lediglich die Spezial-AIF mit festen Anlagebedingungen gem. § 284 KAGB. Deren Anlagemöglichkeiten sind deutlich eingeschränkter.

[14] Deutsche Bundesbank, Investmentfondsstatistik, S. 15.

[15] Deutsche Bundesbank, Investmentfondsstatistik, S. 18.

[16] Deutsche Bundesbank, Investmentfondsstatistik, S. 19.

[17] Siehe hierzu: https://beck-link.de/4k7v3 (letzter Abruf: 05.02.2025).

um die digitale Darstellung eines Wertes oder eines Rechts, der beziehungsweise das unter Verwendung der DLT oder einer ähnlichen Technologie elektronisch übertragen und gespeichert werden kann; ausgenommen sind Utility-Token, welche den Zugang zu einer Ware oder Dienstleistung bieten, die bereits besteht oder bereits erbracht wird. Die Legaldefinition von Kryptowerten im KAGB stellt einen Gleichlauf mit der Legaldefinition im KWG her, sodass dem KAGB und dem KWG das gleiche Verständnis eines Kryptowerts zugrunde liegt.[18] Die Definition von Kryptowert ist sehr weit gefasst. Neben Kryptowährungen wie Bitcoin umfasst sie auch Kryptowertpapiere. Letztere gelten gemäß § 4 Abs. 3 eWpG zudem auch als Wertpapiere im aufsichtsrechtlichen und zivilrechtlichen Sinne.[19] Kryptowertapiere erfüllen mithin gleichermaßen die Kriterien für Kryptowerte sowie Wertpapiere. Zu beachten ist hierbei jedoch, dass die Definition des Kryptowerts nach KAGB und KWG auf jene der MiCA-VO zurückgreift und der Begriff des Kryptowerts nach der MiCA-VO als ein Auffangtatbestand für sonst nicht regulierte Produkte zu verstehen ist.[20] Im Rahmen einer europarechtskonformen Auslegung fällt der Begriff des Kryptowertpapiers für die Zwecke der Erwerbbarkeitskriterien im Wege einer teleologischen Reduktion nicht unter den Begriff des Kryptowertes nach KAGB, sondern ist als Wertpapier zu qualifizieren. Gestützt wird diese Auslegung zudem durch Art. 4 Abs. 1 Nr. 15 MiFID II, wonach unter den Begriff des Finanzinstruments auch solche im Anhang I Abschnitt C aufgeführten Instrumente, unter anderem auch Wertpapiere, fallen, die mittels DLT emittiert wurden.[21]

13.2.2.2 Market Making

Der *Market Maker* ist fester Bestandteil börslicher und außerbörslicher Handelsplätze; durch seine ständige Bereitschaft, als Kontrahent für Wertpapierhandel zur Verfügung zu stehen, sorgt er für einen liquiden Handelsplatz.[22] Der Begriff des *Market Makings* ist in Art. 2 Abs. 1 lit. k LeerverkaufsVO legal definiert. Demnach fallen folgende Tätigkeiten darunter: (i) das Stellen fester, zeitgleicher An- und Verkaufskurse vergleichbarer Höhe zu wettbewerbsfähigen Preisen, sodass der Markt regelmäßig und kontinuierlich mit Liquidität versorgt ist, (ii) die Ausführung von Kundenaufträgen oder Aufträgen, die sich aus einem Handelsauftrag

[18] Vgl. Legaldefinition von Kryptowert in § 1 Abs. 19 S. 3 und 4 KWG.

[19] *Patz*, BKR 2021, S. 725 (726).

[20] Siehe Erwägungsgründe Nr. 3 ff. MiCA-VO.

[21] Die Klarstellung in Art. 4 Abs. 1 Nr. 15 MiFID II erfolgte durch Art. 18 Nr. 1 DLT-VO.

[22] *Müller-Lankow*, BKR 2024, S. 601.

des Kunden ergeben, im Rahmen ihrer normalen Tätigkeiten sowie (iii) die Absicherung der Positionen, die sich aus den unter den Ziffern (i) und (ii) genannten Tätigkeiten ergeben.

Es handelt sich dabei um eine Handelsstrategie,[23] die darauf ausgerichtet ist, durch ständiges Kaufen und Verkaufen von Finanzinstrumenten unter Ausnutzung kleinster Preisdifferenzen Erträge zu erzielen.[24] Diese Funktion machen sich manche Investmentvermögen zu eigen, indem sie diese im Rahmen ihrer eigenen Anlagestrategie adaptieren. Dabei werden kurzfristige Anlagestrategien unter Ausnutzung kleinster Preisdifferenzen durch den Kauf und Verkauf von Wertpapieren über Handelsplätze verwendet.[25]

13.3 Zwischenergebnis

Während sich Spezialinvestmentvermögen hinsichtlich der Anlegerstruktur aufgrund des begrenzten Anlegerkreises und der äußerst geringen Bedeutung des Anlegerschutzes grundsätzlich für Reallabore eignen, werfen deren Anlagestrategien einige Fragezeichen auf. Es gibt kaum Spezialinvestmentvermögen, die trotz des sehr weitgefassten Anlagespektrums in innovative Anlagen investieren. Das Gros der Anlagestrategien basiert auf klassischen Anlageprodukten, wie Wertpapieren.

[23] Vgl. Erwägungsgrund Nr. 61 MiFID II.
[24] *Müller-Lankow*, BKR 2024, S. 601 (603).
[25] *Müller-Lankow*, BKR 2024, S. 601 (603).

14 Schlussfolgerungen

Seit jeher stellen Finanzinnovationen einen wichtigen Teil des Finanzmarktes dar. Sie stehen in Korrelation zueinander und helfen, sich gegenseitig weiterzuentwickeln. Dieses Zusammenspiel zwischen Finanzinnovationen und den Finanzmärkten hat jedoch durch die FinTechs eine neue Dynamik entwickelt, bei denen die klassischen Regulierungsinstrumente, insbesondere aufgrund der Komplexität und Schnelligkeit von Innovationen, an ihre Grenzen zu stoßen scheinen. Es wird daher ungleich schwerer, die richtige Balance zwischen den drei Zielen, die durch Regulierung verfolgt werden, zu finden und das dadurch bestehende Regulierungsdilemma[1] zu lösen. Es stellt sich somit die Frage, ob die bestehenden Regulierungsinstrumente ausreichen beziehungsweise gegebenenfalls ergänzt werden müssen, um diesen Herausforderungen Herr werden zu können, oder aber, ob es erforderlich sein wird, ein spezielles Regelwerk für FinTechs zu schaffen. Die Beantwortung dieser Frage hängt entscheidend davon ab, ob es einerseits de lege lata genügend Freiraum für Innovationen gibt, und andererseits aber auch die mit ihnen verbundenen Risiken angemessen berücksichtigt werden. An dieser Stelle könnte das Konzept des Reallabors ein hilfreiches Instrument darstellen, wodurch ein eigenständiges Regelwerk für FinTechs obsolet werden könnte.

In UK, dem Vorreiterland für Reallabore, wurde bereits deutlich, welch großen Nutzen Reallaboren sowohl für die teilnehmenden Unternehmen als auch für die jeweilige Aufsichtsbehörde und den Gesetzgeber haben. Auch ein Blick nach Europa zeigt die große Bedeutung von Reallaboren, die in jüngster Vergangenheit

[1] Die Ziele von Regulierung liegen im Allgemeinen in der Sicherung der Marktintegrität, der Förderung von Innovationen sowie der Formulierung klarer Regelungen. Zu dem Regulierungsdilemma siehe oben: Abschnitt 2.3.1.

J. Lorenz, *Finanzinnovationen im Investmentfondsbereich und Regulierung unter dem Kapitalanlagegesetzbuch*, https://doi.org/10.1007/978-3-658-51864-6_14

mit unterschiedlichen Akzenten den Weg in europäische Gesetze gefunden haben. Anders sieht dies jedoch in Deutschland aus. Hierzulande stecken Reallabore noch in den Kinderschuhen. Zwar hatte das BMWi bereits 2018 eine Reallabore Strategie entwickelt und der mit Reallaboren meist einhergehenden Experimentierklausel eine Schlüsselfunktion zukommen lassen, gerade mit Blick auf stark regulierte Bereiche. Das BMF und die BaFin stehen Reallaboren bisweilen kritisch gegenüber mit der Folge, dass es auf nationaler Ebene im Finanzbereich noch keine Reallabore gibt. Gerade aber vor dem Hintergrund, dass es sich beim Finanzsektor um einen hoch regulierten Bereich handelt, erscheint die Einführung fachgesetzlicher Experimentierklauseln sehr nützlich und könnte für die Nutzung von Reallaboren in diesem Bereich förderlich sein. Die Initiative eines verbindlichen Experimentierklausel-Checks für alle Gesetzesentwürfe ist daher grundsätzlich zu begrüßen.

Der von BMF und BaFin verfolgte Ansatz einer symmetrischen Regulierung und der Vermeidung von Regulierungsarbitrage sind zwar valide Punkte, die es zu berücksichtigen gilt, jedoch sind andererseits auch die Förderung von Finanzinnovationen sowie das Erkennen der damit verbundenen Risiken wichtige Aspekte, die im Rahmen der Abwägung bei der Frage nach der Schaffung von Reallaboren für den Finanzbereich angemessen Berücksichtigung finden müssen. Dies verdeutlicht schließlich wieder das Regulierungsdilemma in dem sich Gesetzgeber und Aufsichtsbehörden ständig befinden. Es gilt daher die richtige Balance zwischen den drei Zielen von Regulierung im Blick zu haben.

Betrachtet man sich den Investmentfondsbereich als ein mögliches Feld für Reallabore, so ist zunächst anzumerken, dass es durch die Finanzmarktkrise 2008/2009 zu einem Strukturwandel kam, wodurch sich der aufsichtliche Fokus auf die Akteure der Finanzmärkte sowie deren Tätigkeiten richtete. Um weite Teile des bis dahin sog. Grauen Kapitalmarktes zu erfassen, wurde der Anwendungsbereich der AIFM-RL sehr weit gefasst. Gleichzeitig wurde jedoch auch zur Vermeidung von einer überbordenden Regulierung das Konstrukt der Registrierung in Ergänzung zur Erlaubnis geschaffen. Demnach unterliegen registrierte Kapitalverwaltungsgesellschaften einerseits einem stark reduzierten Aufsichtsregime und keiner Vollregulierung, wie dies bei erlaubten Kapitalverwaltungsgesellschaften der Fall ist. Andererseits haben registrierte Kapitalverwaltungsgesellschaften einen wesentlich kleineren Handlungsspielraum als erlaubte Kapitalverwaltungsgesellschaften. Sie sind ausschließlich auf die Erbringung der kollektiven Vermögensverwaltung beschränkt und dürfen keine weiteren Nebendienstleistungen erbringen.

Aufgrund der auf den ersten Blick bestehenden Ähnlichkeiten zwischen registrierten Kapitalverwaltungsgesellschaften und der Konzeption von Reallaboren[2] ließe sich vermuten, dass das Konstrukt der Registrierung ähnlich einem Reallabor für die Kapitalverwaltungsgesellschaft als Testphase dienen könnte, um bei erfolgreichem Verlauf in den erlaubten und vollregulierten Bereich zu wechseln. Wie die aufgeführte Statistik[3] jedoch zeigt, ist dies eher unwahrscheinlich. Die Gesamtzahl an registrierten Kapitalverwaltungsgesellschaften ist zwar in Deutschland sehr hoch und steigt auch von Jahr zu Jahr weiter an, jedoch haben nur sehr wenige der registrierten Kapitalverwaltungsgesellschaften den Sprung in den erlaubten Bereich gewagt. Dabei stellt sich die Frage, ob nicht dennoch durch einen neben § 2 Abs. 4 KAGB neu zu schaffenden Registrierungstatbestand in Form einer Experimentierklausel, der speziell auf solch eine Testphase zugeschnitten ist, eine Möglichkeit geschaffen werden könnte, innovative Geschäftsmodelle oder Produkte im Rahmen der Registrierung mittels Reallabors zu testen.

Zunächst ist zu beachten, dass ein Bedarf für Reallabore im Investmentfondsbereich nur auf Produktebene besteht. Kapitalverwaltungsgesellschaften könnten mithilfe eines Reallabors neuartige Investmentvermögen unter realen Bedingungen noch vor ihrer potentiellen Markteinführung testen und gegebenenfalls entsprechend nachjustieren. Auf Verwaltungsebene lässt sich ein solcher Bedarf hingegen nicht identifizieren, da Innovationen bei Prozessabläufen parallel zu den bereits etablierten Verfahren getestet werden können. Aufgrund des auf europarechtlichen Vorgaben beruhenden Erlaubnisvorbehalts für das Betreiben des Investmentgeschäfts sind Reallabore zudem nur bei bereits registrierten und erlaubten Kapitalverwaltungsgesellschaften möglich. Insbesondere das Registrierungsverfahren bietet sich aber gut für neu gegründete Gesellschaften wie Startup-Unternehmen an, Innovationen im Rahmen eines Reallabors zu testen. Durch die geringen regulatorischen Anforderungen und die flexiblen Gestaltungsmöglichkeiten eröffnen Registrierungen den Kapitalverwaltungsgesellschaften, vor allem jenen, die neu auf den Markt kommen, einen leichteren Zugang zu Reallaboren, ohne zwingend auf das Erfordernis einer Experimentierklausel zurückgreifen zu müssen.

Wie ein Blick auf die Anlegerstruktur von Investmentvermögen zeigt, eignet sich lediglich das Segment der Spezialinvestmentvermögen grundsätzlich für den Einsatz von Reallaboren. Anders als Publikumsinvestmentvermögen,

---

[2] Sowohl die Registrierung als auch Reallabore richten sich an kleinere Gesellschaften beziehungsweise Unternehmen und unterfallen nicht der vollen Regulierung.

[3] Siehe hierzu oben: Abschnitt 9.

die als „Produkt von der Stange" für eine breite Masse aufgelegt werden, sind Spezialinvestmentvermögen in der Regel für einen sehr kleinen Anlegerkreis maßgeschneiderte Produkte, die speziell auf die Bedürfnisse der jeweiligen Anleger ausgelegt sind. Anlegerschutzgesichtspunkte kommen bei Spezialinvestmentvermögen, im Gegensatz zu Publikumsinvestmentvermögen, ebenfalls kaum Bedeutung zu.

Trotz des äußerst weitgefassten Anlagespektrums für Spezialinvestmentvermögen, dem kaum regulatorische Grenzen gesetzt sind, basiert das Gros der Anlagestrategien auf den klassischen Anlageprodukten wie Wertpapieren. Anlagen in innovative Produkte, wie Kryptowerte, bilden hingegen kaum den Schwerpunkt von Anlagestrategien. Vor diesem Hintergrund erscheint es durchaus diskussionswürdig, ob Reallabore für Investmentvermögen einen Anreiz darstellen könnten, in innovative Produkte zu investieren.

Hierzu lohnt sich zunächst ein Blick auf den Unterschied von Anlagen in Investmentvermögen zu jenen in Direktinvestitionen. Im Vergleich zu einer Direktinvestition kann eine Investition in ein Investmentvermögen vor allem in zweierlei Hinsicht von Vorteil sein: Zum einen werden bei Investmentvermögen Gelder von einer Vielzahl von Anlegern gepoolt, wodurch diese wesentlich größere Beträge anlegen und somit ihre Gewinnmarge steigern können. Zum anderen machen sich die Anleger in Investmentvermögen die Expertise und das Fachwissen der das Investmentvermögen verwaltenden Kapitalverwaltungsgesellschaft zu eigen und können somit von deren Wissen und Erfahrung profitieren. Die Anlagestrategien und Investitionsobjekte hingegen unterscheiden sich bei Investmentvermögen und Direktinvestitionen einzelner (professioneller) Anleger grundsätzlich nicht. Die Anlagestrategien von Investmentvermögen beziehen sich vielmehr auf jene Anlagen, die sich bereits im Rahmen von Direktinvestitionen bewährt haben. Es liegt folglich die Vermutung nahe, dass Finanzinnovationen nicht im Investmentfondsbereich entstehen, sondern Investmentvermögen vielmehr bereits als Direktinvestitionen auf dem Markt verfügbare Trends aufgreifen. Anlagen, die sich primär für den Investmentfondsbereich, nicht aber als Direktinvestitionen eignen, und sich somit aus diesem heraus entwickeln, sind indes aufgrund der Konzeption von Investmentvermögen nicht denkbar.

Reallabore sind damit im Investmentfondsbereich zwar denkbar und für Spezialinvestmentvermögen grundsätzlich auch geeignet, aufgrund des Investitionsverhaltens unter Zugrundelegung einer Anlagestrategie mit Schwerpunkt auf klassischen Anlageprodukten wie Wertpapieren in der Praxis aber nicht von Relevanz. Der Investmentfondsbereich ist insoweit kein Treiber von Innovationen. Allenfalls greift er diese auf dem Markt auf.

In innovativen Bereichen, wie zum Beispiel bei FinTechs, haben Reallabore aber einen großen Mehrwert und können einen wichtigen Beitrag zur Innovationsförderung leisten. Für stark regulierte Bereiche, die auf europäischen Regelungen basieren und häufig grenzüberschreitende Sachverhalte betreffen, sind Reallabore auf nationaler Ebene aufgrund des Vorrangs des Unionsrechts und dem Erfordernis von Experimentierklauseln, die ein Reallabor in dem Falle häufig erst ermöglichen, nicht zielführend. Hier bedarf es der Schaffung europäischer Reallabore und Experimentierklauseln. Insbesondere mit der KI-VO und der DLT-VO sind erste wichtige Schritte hierzu gemacht worden. Es bleibt abzuwarten, welche Vorhaben die EU-Kommission als nächstes anstößt und in welchen Bereichen sie durch die Schaffung von Reallaboren und Experimentierklauseln Anreize für Innovationen schafft.

Literaturverzeichnis

Ahern, Deirdre: The New Anticipatory Governance Culture for Innovation: Regulatory Foresight, Regulatory Experimentation and Regulatory Learning, European Business Organization Law Review 26 (2025), S. 241–283 (zitiert: *Ahern*, European Business Organization Law Review 26 (2025), S. 241).

Allen, Hilary J.: Regulatory Sandboxes, The George Washington Law Review 87 (2019), S. 579–645 (zitiert: *Allen*, The George Washington Law Review 87 (2019), S. 579).

Assmann, Heinz-Dieter/Schütze, Rolf A./Buck-Heeb, Petra (Hrsg.): Handbuch des Kapitalanlagerechts, 6. Aufl., München 2024 (zitiert: *Bearbeiter*, in: Assmann/Schütze/Buck-Heeb (Hrsg.), Handbuch des Kapitalanlagerechts).

Assmann, Heinz-Dieter/Wallach, Edgar/Zetzsche, Dirk A. (Hrsg.): Kapitalanlagegesetzbuch, Kommentar, 2. Aufl., Köln 2023 (zitiert: *Bearbeiter*, in: Assmann/Wallach/Zetzsche (Hrsg.), KAGB-Kommentar).

Awrey, Dan: Complexity, Innovation, and the Regulation of Modern Financial Markets, Harvard Business Law Review 2 (2012), S. 236–294 (zitiert: *Awrey*, Harvard Business Law Review 2 (2012), S. 236).

Baur, Jürgen/Tappen, Falko/Mehrkhah, Elnaz/Behme, Caspar (Hrsg.): Investmentgesetze, Großkommentar, Band 1 (§§ 1–90 KAGB) und Band 2 (§§ 91–213 KAGB), 4. Aufl., Berlin 2020 (zitiert: *Bearbeiter*, in: Baur/Tappen/Mehrkhah/Behme (Hrsg.), Investmentgesetze).

Bednarz, Sebastian: Die Regulierung von Hedge-Fonds – Eine rechtsvergleichende Untersuchung der Regulierungsdiskussion in Deutschland, den USA und Großbritannien, Hamburg 2009 (zitiert: *Bednarz*, Die Regulierung von Hege-Fonds).

Benicke, Christoph: Wertpapiervermögensverwaltung, Tübingen 2006 (zitiert: *Benicke*, Wertpapiervermögensverwaltung).

Boxberger, Lutz: Regulierung „light" unter dem KAGB-Regime, GWR 2013, S. 415–417 (zitiert: *Boxberger*, GWR 2013, S. 415).

Brummer, Chris/Yadav, Yesha: Fintech and the Innvoation Trilemma, The Georgetown Law Journal 107 (2017), S. 235–307 (zitiert: *Brummer/Yadav*, The Georgetown Law Journal 107 (2017), S. 235).

Calliess, Christian/Ruffert, Matthias (Hrsg.): EUV/AEUV – Das Verfassungsrecht der Europäischen Union mit Europäischer Grundrechtecharta, Kommentar, 6. Aufl., München 2022 (zitiert: *Bearbeiter*, in: Calliess/Ruffert (Hrsg.), EUV/AEUV-Kommentar).

J. Lorenz, *Finanzinnovationen im Investmentfondsbereich und Regulierung unter dem Kapitalanlagegesetzbuch*, https://doi.org/10.1007/978-3-658-51864-6

Chiu, Iris: England: The UK's Regulatory Sandbox and Pro-Innovation Policy, in: Möslein, Florian/Omlor, Sebastian (Hrsg.): FinTech-Handbuch: Digitalisierung, Recht, Finanzen, 3. Aufl., München 2024 (zitiert: *Chiu*, in: Möslein/Omlor (Hrsg.), FinTech-HdB).

De Larosière, Jacques: The High-Level Group on Financial Supervision in the EU, 25.02.2009, abrufbar unter: https://ec.europa.eu/economy_finance/publications/pages/publication14527_en.pdf (letzter Abruf: 25.03.2025, zitiert: De Larosière-Bericht).

Diem, Andreas/Jahn, Christian H.: Akquisitionsfinanzierungen – Kredite für Unternehmenskäufe, 4. Aufl., München 2019 (zitiert: *Diem/Jahn*, Akquisitionsfinanzierungen).

Dorfleitner, Gregor/Hornuf, Lars/Wannenmacher, Lena: Der deutsche FinTech-Markt im Jahr 2020, ifo Schnelldienst 2020, S. 33 – 40 (zitiert: Dorfleitner/Hornuf/Wannenmacher, ifo Schnelldienst 2020, S. 33).

Dornseifer, Frank/Jesch, Thomas A./Klebeck, Ulf/Tollmann, Claus (Hrsg.): AIFM-Richtlinie – Richtlinie 2011/61/EU über die Verwalter alternativer Investmentfonds mit Bezügen zum KAGB-E, Kommentar, München 2013 (zitiert: *Bearbeiter*, in: Dornseifer/Jesch/Klebeck/Tollmann (Hrsg.), AIFM-RL-Kommentar).

Emde, Thomas/Dornseifer, Frank/Dreibus, Alexandra/Hölscher, Luise (Hrsg.): Investmentgesetz – mit Bezügen zum Kapitalanlagegesetzbuch, Kommentar, München 2013 (zitiert: *Bearbeiter*, in: Emde/Dornseifer/Dreibus/Hölscher (Hrsg.), InvG-Kommentar).

Emde, Thomas/Dreibus, Alexandra: Der Regierungsentwurf für ein Kapitalanlagegesetzbuch, BKR 2013, S. 89–102 (zitiert: *Emde/Dreibus*, BKR 2013, S. 89).

Emde, Thomas/Dornseifer, Frank/Dreibus, Alexandra (Hrsg.): KAGB – Kapitalanlagegesetzbuch, Kommentar, 3. Aufl., München 2023 (zitiert: *Bearbeiter*, in: Emde/Dornseifer/Dreibus (Hrsg.), KAGB-Kommentar).

Ettl, Helmut: Finanzinnovation und Aufsicht – eine Annäherung, ZfgK 2016, S. 15–17 (zitiert: *Ettl*, ZfgK 2016, S. 15).

Fischer, Reinfrid/Schulte-Mattler, Hermann (Hrsg.): Kreditwesengesetz, VO (EU) Nr. 575/2013 (CRR) und Ausführungsvorschriften, Kommentar, Band 1, 6. Aufl., München 2023 (zitiert: *Bearbeiter*, in: Fischer/Schulte-Mattler (Hrsg.), KWG-Kommentar).

Fünger, Bernhard: Maßgeschneiderte Publikumsfonds: Wie institutionelle Anleger profitieren, ZfgK 2015, S. 834–835 (zitiert: *Fünger*, ZfgK 2015, S. 834).

Gerlach, Johannes M./Rugilo, Daniel: The Predicament of FinTechs in the Environment of Traditional Banking Sector Regulation – An Analysis of Regulatory Sandboxes as a Possible Solution, Credit and Capital Markets, Vol. 52/3, 2019, S. 323–373 (zitiert: *Gerlach/Rugilo*, Credit and Markets, Vol. 52/3, 2019, S. 323).

Grabitz, Eberhard/Hilf, Meinhard/Nettersheim, Martin (Hrsg.): Das Recht der Europäischen Union, Kommentar, Band I: EUV/AEUV, 85. EL, München 2025 (zitiert: *Bearbeiter*, in: Grabitz/Hilf/Nettersheim (Hrsg.), Das Recht der Europäischen Union, Band I).

Habersack, Matthias/Caspar, Matthias/ Löbbe, Marc (Hrsg.): Gesetz betreffend Gesellschaften mit beschränkter Haftung (GmbHG), Großkommentar, Band 1 (§§1–28 GmbHG), 3. Aufl., Tübingen 2019 (zitiert: *Bearbeiter*, in: GmbHG-Großkommentar).

Hocket, Robert C./Omarova, Saule T.: The Finance Franchise, Cornell Law Review, Vol 102, 2017, S. 1143–1218 (zitiert: *Hocket/Omarova*, Cornell Law Review, Vol. 102, 2017, S. 1143).

Hoeren, Thomas/Sieber, Ulrich/Holznagel, Bernd (Hrsg.): Handbuch Multimedia-Recht, 62. EL, München 2024 (zitiert: *Bearbeiter*, in: Hoeren/Sieber/Holznagel (Hrsg.), Handbuch Multimedia-Recht).

Hopt, Klaus J.: Beck'sche Kurz-Kommentare, Band 9, Handelsgesetzbuch – mit GmbH & Co., Handelsklauseln, Bank- und Kapitalmarktrecht, Transportrecht (ohne Seerecht), 42. Aufl., München 2023 (zitiert: *Bearbeiter*, in: Hopt, HGB-Kommentar).

Huertas, Michael: Das Regime der Regulatory Sandbox in Großbritannien: Entwicklung und Zukunftsperspektiven, in: Kunschke, Dennis/Schaffelhuber, Kai A. (Hrsg.): FinTech: Grundlagen – Regulierung – Finanzierung – Case Studies, 1. Aufl., Berlin 2018 (zitiert: *Huertas*, in: Kunschke/Schaffelhuber (Hrsg.), FinTech).

Jenik, Ivo/Lauer, Kate: Regulatory Sandboxes and Financial Inclusion, CGAP Working Paper, October 2017, abrufbar unter: https://www.cgap.org/sites/default/files/Working-Paper-Regulatory-Sandboxes-Oct-2017.pdf (letzter Abruf: 25.03.2025, zitiert: *Jenik/Lauer*, CGAP Working Paper, 2017).

Kaeser, Christian/Schwenke, Michael/Drüen, Klaus-Dieter (Hrsg.): Wassermeyer, Doppelbesteuerung, Kommentar zu allen deutschen Doppelbesteuerungsabkommen, 170. EL, München 2025 (zitiert: *Bearbeiter*, in: Wassermeyer, Doppelbesteuerung-Kommentar).

Klebeck, Ulf/Kolbe,Sebastian: Aufsichts- und Arbeitsrecht im KAGB, BB 2014, S. 707–714 (zitiert: *Klebeck/Kolbe*, BB 2014, S. 707).

Köndgen, Johannes: Grenzen des informationsbasierten Anlegerschutzes – zugleich Anmerkung zu BGH, Urt. V. 22.3.3011 – XI ZR 33/10, BKR 2011, S. 283–286 (zitiert: *Köndgen*, BKR 2011, S. 283).

Koch, Jens: Grenzen des informationsbasierten Anlegerschutzes: Die Gratwanderung zwischen angemessener Aufklärung und information overload, BKR 2012, S. 485–493 (zitiert: *Koch*, BKR 2012, S. 485).

Krönke, Christoph: Sandkastenspiele – „Regulatory Sandboxes" aus der Perspektive des Allgemeinen Verwaltungsrechts, JZ 2021, S. 434–443 (zitiert: *Krönke*, JZ 2021, S. 434).

Langenbucher, Katja/Bliesner, Dirk H./Spindler, Gerald (Hrsg.): Bankrechts-Kommentar, 3. Aufl., München 2020 (zitiert: *Bearbeiter*, in: Langenbucher/Bliesner/Spindler (Hrsg.), Bankrechts-Kommentar).

Lehmann, Matthias: Finanzinstrumente: Vom Wertpapier- und Sachenrecht zum Recht der unkörperlichen Vermögensgegenstände, Tübingen 2009 (zitiert: *Lehmann*, Finanzinstrumente).

Moritz, Joachim/Jesch, Thomas/Klebeck, Ulf/Helios, Marcus (Hrsg.): Frankfurter Kommentar zum Kapitalanlagerecht, Band I: Kapitalanlagegesetzbuch (KAGB), Teilband 1, 2. Aufl., Frankfurt am Main 2019 (*Bearbeiter*, in: Frankfurter Kommentar zum KAGB, Teilband 1).

dies. (Hrsg.): Frankfurter Kommentar zum Kapitalanlagerecht, Band I: Kapitalanlagegesetzbuch (KAGB), Teilband 2, Frankfurt am Main 2016 (*Bearbeiter*, in: Frankfurter Kommentar zum KAGB, Teilband 2).

Möslein, Florian: Finanzinnovation als Rechtsproblem, ZBB 2013, S. 1–16 (zitiert: *Möslein*, ZBB 2013, S. 1).

ders.: Finanzinnovation und Rechtsordnung: Eine Einführung, in: ders. (Hrsg.), Finanzinnovation und Rechtsordnung, Zürich, Basel, Genf 2014, S. 3–44 (zitiert: *Möslein*, in: ders. (Hrsg.), Finanzinnovation und Rechtsordnung, S. 3).

ders./Lordt, Arne: Rechtsfragen des Robo-Advice, ZIP 2017, S. 793–803 (zitiert: *Möslein/Lordt*, ZIP 2017, S. 793).

ders./Omlor, Sebastian: Grundlagen, in: dies. (Hrsg.): FinTech-Handbuch: Digitalisierung, Recht, Finanzen, 3. Aufl., München 2024 (zitiert: *Möslein/Omlor*, in: dies. (Hrsg.), FinTech-HdB).

Müller-Lankow, Hendrik: Market-Making im Rahmen der kollektiven Vermögensverwaltung – Ein Widerspruch?, BKR 2024, S. 601–607 (zitiert: *Müller-Lankow*, BKR 2024, S. 601).

Münchener Kommentar zum Bürgerlichen Gesetzbuch: Franz Jürgen Säcker/Roland Rixecker/Hartmut Oetker/Bettina Limperg (Hrsg.), Band 1: Allgemeiner Teil (§§ 1–240a BGB, AllgPersönlR, StiftRG, ProstG, AGG), 10. Aufl., München 2025 (zitiert: *Bearbeiter*, in: MüKo-BGB, Band 1).

Münchener Kommentar zum Bürgerlichen Gesetzbuch: Franz Jürgen Säcker/Roland Rixecker/Hartmut Oetker/Bettina Limperg (Hrsg.), Band 6: Schuldrecht – Besonderer Teil III (§§ 631–704 BGB), 9. Aufl., München 2023 (zitiert: *Bearbeiter*, in: MüKo-BGB, Band 6).

Nelle, Andreas/Klebeck, Ulf: Der „kleine" AIFM – Chancen und Risiken der neuen Regulierung für deutsche Fondsmanager, BB 2013, S. 2499–2506 (zitiert: *Nelle/Klebeck*, BB 2013, S. 2499).

Omarova, Saule T.: New Tech v. New Deal: Fintech as a Systemic Phenomenon, Yale Journal on Regulation, Vol. 36/2, 2019, S. 735–793 (zitiert: *Omarova*, Yale Journal on Regulation, Vol. 36/2, 2019, S. 735).

ders.: Technology v. Technocracy: FinTech as a Regulatory Challenge, Journal of Financial Regulation, Vol. 6/1, 2020, S. 75–124 (zitiert: *Omarova*, Journal of Financial Regulation, Vol. 6/1, 2020, S. 75).

Oppenheim, Robert/Lange-Hausstein, Christian: Robo Adivsor – Anforderungen an die digitale Kapitalanlage und Vermögensverwaltung – , WM 2016, S. 1966–1973 (zitiert: *Oppenheim/Lange-Hausstein*, WM 2016, S. 1966).

Parenti, Radostina: Regulatory Sandboxes and Innovation Hubs for FinTech – Impact on innovation, financial stability and supervisory convergence, PE 652.752, September 2020, abrufbar unter: https://www.europarl.europa.eu/RegData/etudes/STUD/2020/652752/IPOL_STU(2020)652752_EN.pdf) (letzter Abruf: 08.11.2023, zitiert: *Parenti*, Regulatory Sandboxes and Innovation Hubs for FinTechs).

Patz, Anika: Überblick über die Regulierung von Kryptowerten und Kryptowertedienstleistern, BKR 2021, S. 725–739 (zitiert: *Patz*, BKR 2021, S. 725).

Patzner, Andreas/Döser, Achim/Kempf, Ludger J. (Hrsg.): Investmentrecht – Kapitalanlagegesetzbuch/Invesmentsteuerrecht, 3. Aufl., Baden-Baden 2017 (zitiert: *Bearbeiter*, in: Patzner/Döser/Kempf (Hrsg.), KAGB-Kommentar).

Pöllath, Reinhard/Rodin, Andreas/Wewel, Uwe (Hrsg.): Private Equity und Venture Capital Fonds, München 2018 (zitiert: *Bearbeiter*, in: Pöllath/Rodin/Wewel, Private Equity und Venture Capital Fonds).

Rennig, Christopher: Finanztechnologische Innovationen im Bankaufsichtsrecht, Tübingen 2022 (zitiert: *Rennig*, Finanztechnologische Innovationen im Bankaufsichtsrecht).

Ringe, Wolf-Georg/Ruof, Christopher: Regulating Fintech in the EU: the Case for a Guided Sandbox, European Journal of Risk Regulation, Vol 11/3, 2020, S. 604–629 (zitiert: *Ringe/Ruof*, European Journal of Risk Regulation, Vol. 11/3, 2020, S. 604).

Romba, Eric/Oppenheim, Robert/ Pfaf, Lilly: Pilotregelung für DLT-Marktinfrastrukturen – Analyse des Regulatory Sandbox-Ansatzes für den Handel mit DLT-basierten Wertpapieren, RDi 2023, S. 145–152 (zitiert: *Romba/Oppenheim/Pfaf*, RDi 2023, S. 145).

Roth, Otto Maximilian: Die „regulatory sandbox" als Regulierungsansatz für FinTechs – eine rechtsvergleichende Analyse, ZBB/JBB 2022, S. 364–377 (zitiert: *Roth*, ZBB/JBB 2022, S. 364).

Schäfer, Frank A./Sethe, Rolf/Lang, Volker (Hrsg.): Handbuch der Vermögensverwaltung in Deutschland, der Schweiz, Österreich und Liechtenstein, 3. Aufl. München 2022 (zitiert: *Bearbeiter*, in: Schäfer/Sethe/Lang (Hrsg.), Handbuch der Vermögensverwaltung).

Schumpeter, Joseph Alois: Kapitalismus, Sozialismus und Demokratie, Bern 1946 (zitiert: Schumpeter, Kapitalismus, Sozialismus und Demokratie).

Spindler, Gerlad/Büning, Felix: Einsatz von Reallaboren (regulatory Sandboxes) – insbesondere im Recht der Künstlichen Intelligenz und der Finanzmärkte, JZ 2023, S. 799–808 (zitiert: *Spindler/Büning*, JZ 2023, S. 799).

Spindler, Gerald/Bednarz, Sebastian: Die Regulierung von Hedge-Fonds im Kapitalmarkt- und Gesellschaftsrecht – Teil I: Die Rechtslage, WM 2006, S. 553–560 (zitiert: Spindler/ Bednarz, WM 2006, S. 553).

Streinz, Rudolf (Hrsg.): Beck'sche Kurz-Kommentare, Band 57, EUV/AEUV – Vertrag über die Europäische Union, Vertrag über die Arbeitsweise der Europäischen Union, Charta der Grundrechte der Europäischen Union, Kommentar, 3. Aufl., München 2018 (zitiert: *Bearbeiter*, in: Streinz (Hrsg.), EUV/AEUV-Kommentar).

Tufano, Peter: Financial Innovation, in: George M. Constantinidis/ Milton Harris/René M. Stulz (Hrsg.), Handbook of the Economics of Finance, Amsterdam 2007, S. 307–335 (zitiert: *Tufano*, in: Constantinidis/Harris/Stulz (Hrsg.), Handbook of the Economics of Finance, S. 307).

Volhard, Patricia/Jang, Kin-Hyuk: Der Vertrieb alternativer Investmentfonds, DB 2013, S. 273–278 (zitiert: *Volhard/Jang*, DB 2013, S. 273).

Weitnauer, Wolfgang/Boxberger, Lutz/Anders, Dietmar (Hrsg.): Beck'sche Kurz-Kommentare, Kapitalanlagegesetzbuch mit Investmentsteuergesetz, EuVECA-VO, EuSEF-VO und ELTIF-VO, Kommentar, 3. Aufl., München 2021 (zitiert: *Bearbeiter*, in: Weitnauer/Boxberger/Anders (Hrsg.), KAGB-Kommentar).

Wendt, Janine: Die Regulatory Sandbox – (k)ein Modell für Deutschland?, CF 2020, S. 366–371 (zitiert: *Wendt*, CF 2020, S. 366).

Materialverzeichnis

Bundesanstalt für Finanzdienstleistungsaufsicht:

BaFin: Auslegungsschreiben zum Anwendungsbereich des KAGB und zum Begriff des Investmentvermögens vom 14.06.2013, geändert am 09.03.2015, GZ: Q 31-Wp 2137–2013/0006, abrufbar unter: https://www.bafin.de/SharedDocs/Veroeffentlichungen/DE/Auslegungsentscheidung/WA/ae_130614_Anwendungsber_KAGB_begriff_invvermoegen.html;jsessionid=5A3AD5ADB39D07A17634E2F2912FCC6A.1_cid501?nn=9450992#doc7851552bodyText2 (letzter Abruf: 25.03.2025, zitiert: BaFin-Auslegungsschreiben).

BaFin: Häufige Fragen zum Thema Auslagerung gemäß § 36 KAGB vom 10.07.2013, geändert am 15.11.2017, GZ: WA 41-Wp 2137–2013/0036, abrufbar unter: https://www.bafin.de/SharedDocs/Veroeffentlichungen/DE/FAQ/faq_kagb_36_auslagerung_130710.html (letzter Abruf: 25.03.2025, zitiert: BaFin-FAQ zur Auslagerung).

BaFin: Studie: Big Data trifft auf künstliche Intelligenz – Herausforderungen und Implikationen für Aufsicht und Regulierung von Finanzdienstleistungen vom 15.06.2018, abrufbar unter: https://www.bafin.de/SharedDocs/Downloads/DE/dl_bdai_studie.pdf?__blob=publicationFile&v=3 (letzter Abruf: 25.03.2025, zitiert: BaFin, Big Data trifft auf künstliche Intelligenz).

Bundesministerium der Justiz und für Verbraucherschutz:

BMJ: Handbuch der Rechtsförmlichkeit, 4. Aufl., 31.10.2024, abrufbar unter: https://hdr4.bmj.de/Webs/HDR/SharedDocs/Downloads/handbuch-der-rechtsfoermlichkeit.html?nn=167640 (letzter Abruf: 13.08.2025, zitiert: BMJ, Handbuch der Rechtsförmlichkeit).

Bundesministerium für Wirtschaft und Energie:

BMWi: BMWi-Strategie: Reallabore als Testräume für Innovation und Regulierung – Innovation ermöglichen und Regulierung weiterentwickeln – 10.12.2018, abrufbar unter: https://www.bmwk.de/Redaktion/DE/Downloads/S-T/strategiepapier-reallabore.pdf?__blob=publicationFile&v=10 (letzter Abruf: 25.03.2025, zitiert: BMWi, Strategie Reallabore).

BMWi: Freiräume für Innovationen – Das Handbuch für Reallabore, Juli 2019, abrufbar unter: https://www.bmwk.de/Redaktion/DE/Publikationen/Digitale-Welt/handbuch-fuer-reallabore.pdf?__blob=publicationFile (letzter Abruf: 25.03.2025, zitiert: BMWi, Handbuch für Reallabore).

BMWi: Neue Räume, um Innovationen zu erproben – Konzept für ein Reallabore-Gesetz, 01.09.2021, abrufbar unter: https://www.bmwk.de/Redaktion/DE/Publikationen/Digitale-Welt/konzept-fur-ein-reallabore-gesetz.pdf?__blob=publicationFile&v=6 (letzter Abruf: 25.03.2025, zitiert: BMWi, Konzept für ein Reallabore-Gesetz).

BMWi: Prüfung der Erforderlichkeit einer Experimentierklausel – Prüfschema im Rahmen der Erstellung von Gesetzesentwürfen, Januar 2025, abrufbar unter: https://www.bundeswirtschaftsministerium.de/Redaktion/DE/Publikationen/Innovation/reallabore-pruefung-der-erforderlichkeit-einer-experiementierklausel.pdf?__blob=publicationFile&v=12 (letzter Abruf: 01.08.2025, zitiert: BMWi, Prüfschema für die Erforderlichkeit einer Experimentierklausel).

Bundesregierung:

Beschluss der Bundesregierung vom 13.04.2021: Paket für Bürokratieerleichterungen, abrufbar unter: https://www.bundesregierung.de/resource/blob/974430/1888768/a9aa82fe9b3e742772f3bb122afbbcae/2021-04-13-massnahmenpaket-buerokratieabbau-data.pdf?download=1 (letzter Abruf: 01.08.2025, zitiert: Bundesregierung, Paket für Bürokratieerleichterungen).

Deutsche Bundesbank:

Deutsche Bundesbank: Finanzstabilitätsbericht, November 2005, abrufbar unter: https://www.bundesbank.de/resource/blob/690102/5ca88d4a499da197f4f55df9ddc30d9f/mL/2005-finanzstabilitaetsbericht-data.pdf (letzter Abruf: 26.03.2025, zitiert: Deutsche Bundesbank, Finanzstabilitätsbericht, November 2005).

Deutsche Bundesbank: Aktuelle Entwicklungen am Markt für Investmentfonds: Nachfrage, Strukturveränderungen und Anlageverhalten, in: Monatsbericht Januar 2013, S. 13–28, abrufbar unter: https://www.bundesbank.de/resource/blob/669206/30fd838978267e98df3481fcce1ccd46/472B63F073F071307366337C94F8C870/2013-01-monatsbericht-data.pdf (letzter Abruf: 26.03.2025, zitiert: Deutsche Bundesbank, Monatsbericht, Januar 2013, S. 13).

Deutsche Bundesbank: Das Schattenbankensystem im Euro-Raum: Darstellung und geldpolitische Implikationen, in: Monatsbericht, März 2014, S. 15–31, abrufbar unter: https://www.bundesbank.de/resource/blob/615538/ab6f4bd132718ff3411a753a1b1b7941/mL/2014-03-schattenbanken-data.pdf (letzter Abruf: 26.03.2025, zitiert: Deutsche Bundesbank, Monatsbericht, März 2014, S. 15).

Deutsche Bundesbank: Investmentfondsstatistik, Februar 2025, abrufbar unter: https://www.bundesbank.de/resource/blob/804052/2b01eef6516e12ef9e501f7f8cb16794/472B63F073F071307366337C94F8C870/0-investmentsfondsstatistik-data.pdf (letzter Abruf: 14.02.2025, zitiert: Deutsche Bundesbank, Investmentfondsstatistik).

Deutscher Bundestag:

Deutscher Bundestag – Wissenschaftliche Dienste: Verlauf der Finanzkrise – Entstehungsgründe, Verlauf und Gegenmaßnahmen, 11.05.2009, abrufbar unter: https://www.bundestag.de/resource/blob/409652/69ed4dc7fa37c7fa3158d8b5ce274584/wd-4-075-09-pdf-data.pdf (letzter Abruf: 25.03.2025, zitiert: Deutscher Bundestag-WD 4–3000–075/09).

Europäische Aufsichtsbehörden:

ESAs Joint Committee Report: FinTech: Regulatory sandboxes and innovation hubs, Januar 2019 (JC 2018 74), abrufbar unter: https://www.esma.europa.eu/sites/default/files/library/jc_2018_74_joint_report_on_regulatory_sandboxes_and_innovation_hubs.pdf (letzter Abruf: 26.03.2025, zitiert: ESAs Joint Report: FinTech: Regulatory sandboxes and innovation hubs).

Europäische Bankenaufsichtsbehörde:

EBA: Discussion Paper on EBA's approach to financial technology (FinTech), 04.08.2017, abrufbar unter: https://www.eba.europa.eu/sites/default/files/documents/10180/1919160/7a1b9cda-10ad-4315-91ce-d798230ebd84/EBA%20Discussion%20Paper%20on%20Fintech%20%28EBA-DP-2017-02%29.pdf (letzter Abruf: 26.03.2025, zitiert: EBA Discussion Paper on the EBA's approach to financial technology (FinTech)).

Europäische Kommission:

EU-Kommission: Vorschlag zu einer Richtlinie des Europäischen Parlaments und des Rates über die Verwalter alternativer Investmentfonds, 30.4.2009, abrufbar unter: https://eur-lex.europa.eu/LexUriServ/LexUriServ.do?uri=COM:2009:0207:FIN:DE:PDF (letzter Abruf: 26.03.2025, zitiert: EU-Kommission, Vorschlag für AIFM-RL, KOM(2009) 207).

EU-Kommission: Grünbuch Schattenbankenwesen, 19.3.2012, abrufbar unter: https://eur-lex.europa.eu/legal-content/DE/TXT/PDF/?uri=CELEX:52012DC0102&from=EN (letzter Abruf: 26.03.2025, zitiert: Grünbuch Schattenbankenwesen).

EU-Kommission: FinTech-Aktionsplan: Für einen wettbewerbsfähigeren und innovativeren EU-Finanzsektor, 08.03.2018, abrufbar unter: https://eur-lex.europa.eu/legal-content/DE/TXT/HTML/?uri=CELEX:52018DC0109&from=DE (letzter Abruf: 26.03.2025, zitiert: EU-Kommission, FinTech-Aktionsplan, COM(2018) 109 final).

Expert Group on Regulatory Obstacles to Financial Innovation (2019): 30 Recommendations on regulations, innovation and finance, Final Report to the European Commission, December 2019, abrufbar unter: https://finance.ec.europa.eu/system/files/2019-12/191113-report-expert-group-regulatory-obstacles-financial-innovation_en.pdf (letzter Abruf: 25.03.2025, zitiert: Expert Group on Regulatory Obstacles to Financial Innovation).
Europäische Wertpapier- und Marktaufsichtsberhörde:
ESMA: Leitlinien zu Schlüsselbegriffen der Richtlinie über die Verwalter alternativer Investmentfonds (AIFMD) vom 13.08.2013, geändert am 30.01.2014 (ESMA/2013/611), abrufbar unter: https://www.esma.europa.eu/sites/default/files/library/2015/11/esma_2013_00600000_de_cor-_revised_for_publication.pdf (letzter Abruf: 26.03.2025, zitiert; ESMA/2013/611).
Europäische Zentralbank:
EZB: Monatsbericht, Januar 2006, abrufbar unter: https://www.bundesbank.de/resource/blob/689750/780268966fd96c7fa744181d057ace88/mL/2006-01-ezb-mb-data.pdf (letzter Abruf: 26.03.2025, zitiert: EZB, Monatsbericht, Januar 2006).
European Fund and Asset Management Association:
EFAMA: Fact Book 2024, 22. Aufl., abrufbar unter folgendem Link: https://www.efama.org/sites/default/files/files/fact-book-2024_lowres_0.pdf (letzter Abruf: 27.03.2025, zitiert: EFAMA, Fact Book).
Financial Conduct Authority:
FCA: Regulatory Sandbox, November 2015, abrufbar utner: https://www.fca.org.uk/publication/research/regulatory-sandbox.pdf (letzter Abruf: 26.03.2025, zitiert, FCA, Regulatory Sandbox, November 2015).
FCA: Regulatory sandbox lessons learned report, Oktober 2017, abrufbar unter: https://www.fca.org.uk/publication/research-and-data/regulatory-sandbox-lessons-learned-report.pdf (letzter Abruf: 26.03.2025, zitiert: FCA, Regulatory sandbox lessons learned report, 2017).
FCA: Regulatory Sandbox, Guide, 2022, abrufbar unter: https://www.fca.org.uk/publication/fca/fca-regulatory-sandbox-guide.pdf (letzter Abruf: 26.03.2025, zitiert: FCA, Regulatory Sandbox, Guide).
Finanzstabilitätsrat:
FSB: Shadow Banking: Strengthening Oversight and Regulation – Recommendations of the Financial Stability Board, 27.10.2011, abrufbar unter: https://www.fsb.org/wp-content/uploads/r_111027a.pdf (letzter Abruf: 26.03.2025, zitiert: FSB-Recommendations on Shadow Banking).
FSB: Policy Recommendations to Address Structural Vulnerabilities from Asset Management Activities, 12.01.2017, abrufbar unter: https://www.fsb.org/wp-content/uploads/FSB-Policy-Recommendations-on-Asset-Management-Structural-Vulnerabilities.pdf (letzter Abruf: 26.03.2025, zitiert: FSB Policy Recommendations).
FSB: Assessment of shadow banking activities, risks and the adequacy of post-crisis policy tools to address financial stability concerns, 03.07.2017, abrufbar unter: https://www.fsb.org/wp-content/uploads/P300617-1.pdf (letzter Abruf: 26.03.2025, zitiert: FSB Assessment on Shadow Banking).
Rat der Europäischen Union:

Rat der Europäischen Union: Schlussfolgerungen des Rates zu Reallaboren und Experimentierklauseln als Instrumente für einen innovationsfreundlichen, zukunftssicheren und resilienten Rechtsrahmen zur Bewältigung disruptiver Herausforderungen im Digitalen Zeitalter, 16. November 2020, 13026/20, abrufbar unter: https://data.consilium.europa.eu/doc/document/ST-13026-2020-INIT/de/pdf (letzter Abruf: 26.03.2025, zitiert: Rat der Europäischen Union, Schlussfolgerungen zu Reallaboren und Experimentierklauseln).

Weltwirtschaftsforum:

World Economic Forum: Rethinking Financial Innovation – Reducing Negative Outcomes While Retaining The Benefits, Genf 2012, abrufbar unter: https://www.oliverwyman.com/content/dam/oliver-wyman/v2/publications/2012/apr/Rethinking_Financial_Innovation.pdf (letzter Abruf: 25.03.2025, zitiert: World Economic Forum, Rethinking Financial Innovation, 2012).

FSC
www.fsc.org
MIX
Papier | Fördert
gute Waldnutzung
FSC® C083411

Kolibri 360 GmbH
Ferdinand-Jühlke-Straße 7
99095 Erfurt, Deutschland
produktsicherheit@kolibri360.de